U0941679

中國人權評論

第11辑

西南政法大学人权研究院　主办

主　　　编：张永和

副　主　编：何　为　周　力

本辑中文编辑：刘　鹏　李登垒　朱　未　卜繁强

熊芸萱　梁阿敏　原　欣　张　丽

法律出版社
LAW PRESS·CHINA

China Human Rights Review

Volume 11

Host: Human Rights Institute at SWUPL

序

人权乃人类共同事业。人类虽得共享人权理念，然绝不否定人权理解差异之存在。现代多元社会中，人权表述与人权实践之歧异性，实向人权多元发展开放空间。在此人权国际化背景下，中国能够为人类人权事业做出何种贡献？

中国近代转型，经历了并且仍然在经历着从西方到东方、从传统到现代之变迁。人权理念向中国传播，亦是中国向世界敞开胸怀。中国人权发展实为整个世界整体性变迁之缩版。世界人权浪潮正劲，中国独树一帜，足以为人权再添一抹新绿。经过30多年的努力，中国可以理直气壮地在世界面前讲人权了！中国人可以表达对人权之基本理论的独特理解，中国人可以向世界展示自己的人权实践，中国人可以对世界人权发展作出自己的评价。

中国之人权问题，首先乃中国之问题。此为中国人权研究的立场与基本出发点。基于此立场，关注中国人权，首必具中国问题意识。吾辈非狭隘民族主义者，然身为炎黄子孙，必有中华民族之责任担当。关注国家人权问题及状况，关注中国公民之基本生存状态，实即关注中华民族之未来。学术良心，不唯客观公允，亦有国家、民族与个体命运之关怀。尽管问题相同，然而学术应有学术之关怀方式。学术秉承理性精神，反思理论与实践。

西南政法大学人权研究学术氛围浓烈、底蕴深厚。既有学术耆老，亦不乏青年新锐；既显持成稳重，又呈朝气蓬勃。为砥砺思想、呼应实践，西南政法大学人权研究院创办《中国人权评论》，以学术方式关怀中国乃至世界人权事业。

本书至今已连续出版10辑，此间，学界同仁秉初心、观人文、察时变，精研人权法理，倾力人权实践，与我们共同见证新时代中国人权事业的迅速发展。在关注中国人权之理论与实践之时，亦环顾世界人权发展。或阐幽发微，穷究罅隙，通达学术前沿；或深入学理，钩沉史海，洞彻学术机理；或烛照实践，剥丝抽茧，展示现实状态；或寻经稽册，索引发明，评析人权典籍；或集中专题，条分缕析，展现立体视野。回望10辑主题，马克思主义人权研究和中国人权现实考察初具规模，热点关注与对策观点初显特色。为更好地"固根本""浚泉源"，呈现中国人权发展图景，服务中国人权研究，《中国人权评论》将从第11辑起变更为一年出版4辑，设置"马克思主义人权理论与实践""学术专论""人权实证研究""智库成果"四个部分，一如既往地立足现实、贡献智识，俾使价值与经验研究相得益彰，学理与治理讨论相辅相成，与天下道同者共谋共进。

史家司马迁有言："究天人之际，通古今之变，成一家之言。"《中国人权评论》无此宏愿巨力，唯欲提供学术交流平台，为人权略尽绵薄之力！

張永和*

2019年3月

* 西南政法大学人权研究院执行院长，教授、博士研究生导师。

目 录

马克思主义人权理论与实践

理论探源

调研报告

智库成果

新时代中国特色社会主义人权话语研究

张永和[*]　赵文丹[**]

经过多年的发展,中国的人权事业已取得了举世公认的成就,特别是党的十八大以来,人权事业的发展更是有目共睹。而中国人权话语的建设较中国人权的发展现实相对缓慢,如何建立一套中国自己的人权话语以争取国际舆论主动权成为党和政府一直致力于解决的问题。进入新时代,习近平总书记提出"不忘初心",将保障人民的生存权和发展权放在首位;确立了"以人民为中心的发展思想",成为中国人权事业发展的核心理念;将人民对"美好生活"的向往作为奋斗目标,它不仅指经济、社会和文化权利,也指公民权利和政治权利;在国际社会提出构建"人类命运共同体",被载入联合国人权理事会决议,成为国际人权事业共同努力的目标。

从"不忘初心""以人民为中心"到"美好生活",再到"人类命运共同体",形成新时代中国特色社会主义人权话语的逻辑框架,与《联合国宪章》和《世界人权宣言》所倡导的基本精神一致,成为中国争取国际人权话语权的基本话语表达。

一、"不忘初心"

享有充分的人权,是人类社会多年来孜孜不倦追求的理想,各国人民都在为

---

* 西南政法大学人权研究院执行院长,教授、博士研究生导师。

** 西南政法大学新闻传播学院副教授、西南政法大学人权研究院博士生。

本文为2018年国家社科基金后期资助项目"当代中国人权话语体系的建构与国际表达的争取"(18FFX011)的阶段性研究成果。

争取人权而进行不懈努力。近代以来，中国遭遇内忧外患，人民群众深受战争、奴役、压迫、剥削之苦。2017年10月31日，习近平总书记在浙江嘉兴南湖革命纪念馆参观时强调，不忘初心、牢记使命就是“为中国人民谋幸福，为中华民族谋复兴”，作为中国共产党人初心的核心内涵，就是要求我们党坚持一切为了人民、一切依靠人民。中国共产党成立以来，带领人民，为了人民的解放和幸福，与饱受困苦的人民一道，经过长期的浴血奋斗，最终取得了胜利，既为当代中国的发展进步奠定了基础，也为保障当代中国人民的人权奠定了基础。一切为了人民，争取人民的解放和人民的全面发展，是中国共产党自成立之初的根本目标，是中国共产党的“初心”。

（一）“不忘初心”的历史内涵

对于一个国家和民族来说，人权首先是人民的生存权。如果没有生存权，其他一切人权均无从谈起。近代中国长期处于帝国主义、封建主义、官僚资本主义的压迫下，饱受战争和奴役之苦的中国人民群众的生命、自由、人身安全都得不到任何保障。国家不独立、人民不解放，人民群众就根本无人权可言。争取生存权是当时中国人民面临的首要人权问题。从太平天国运动到义和团运动，从维新运动到辛亥革命，都没能使中国人民摆脱外忧内患。

中国共产党自成立以后，将人民的利益作为自己的唯一利益，带领人民与帝国主义、封建主义、官僚资本主义作斗争，以实现民族独立和人民解放。1921年7月在上海召开的中国共产党第一次全国代表大会，讨论和通过了《中国共产党纲领》，响亮地提出了党的奋斗目标为“援助工人阶级”“推翻资本家阶级的政权”“消灭阶级”。在中国共产党的带领下，人民取得了民族民主革命的胜利，实现了100多年来人民梦寐以求的国家独立。中国人民第一次真正享有了人格尊严。

民族民主革命的胜利，并不意味着人民彻底在物质和精神层面实现了解放，要解决广大人民群众生活的基本问题，就必须从中国人民的生存权利上着手。要真正解决生存权，还要为人民提供配套的生活保障。中华人民共和国成立以来，中国共产党和中国政府始终把解决人民的生存问题作为主要的奋斗目标。1954年9月20日第一届全国人民代表大会第一次会议通过的《宪法》明确规定，中华人民共和国的一切权力属于人民。1956 年中国共产党第八次全国代表大会通过的《中国共产党章程》中明确提出，党的一切工作的根本目的，是最大限度地满足人民的物质生活和文化生活的需要。

从 1953 年起，中国开始制订“五年规划”，从经济、文化、生活的各方面，解决人民的基本生活保障问题。1979 年以后，中国以经济建设为中心，实行改革开放，进一步促进了社会经济、政治、文化的全面发展，从而基本解决了 13 亿人口的温饱问题，中国人民的生命和健康水平有了很大程度的提高，中国人民的生存权得到了有效保障。这是中国共产党和中国政府在保障人权方面做出的最大贡献。

（二）“不忘初心”的现实意义

不忘初心，体现的是中国共产党人的宗旨。《共产党宣言》指出：“过去的一切运动都是少数人的或者为少数人谋利益的运动。无产阶级的运动是绝大多数人的、为绝大多数人谋利益的独立的运动。”中国共产党领导人民所进行的浴血奋斗，正是代表了绝大多数饱受压迫和剥削的劳苦大众的利益，为了民族独立和人民解放，为了人民的生存权而进行的奋斗，是全心全意为人民服务。面对如此伟大的历史贡献，习近平总书记在党的十九大报告中指出“中国共产党人的初心和使命，就是为中国人民谋幸福，为中华民族谋复兴”。[1] 2018 年 4 月 8 日，习近平主席在人民大会堂接见联合国秘书长古特雷斯时进一步指出，“我们所做的一切都是为人民谋幸福，为民族谋复兴，为世界谋大同”。[2]

不忘初心，是激励中国人民不断前进的动力。为了真正解决人民的生存权，中华人民共和国成立后，中国共产党和中国政府致力的目标是消灭剥削和贫困，建成繁荣幸福的社会主义社会。如今，一方面，中国已成为世界第二大经济体，中国人民的人权获得了前所未有的保障，中华文化焕发出蓬勃生机，中华民族得到世界尊重；另一方面，中国仍然是当今世界上最大的发展中国家，中国人民的获得

[1] 习近平：《决胜全面建成小康社会　夺取新时代中国特色社会主义伟大胜利——在中国共产党第十九次全国代表大会上的报告》，载《人民日报》2017 年 10 月 28 日，第 1 版。

[2] 《习近平会见联合国秘书长古特雷斯》，载《人民日报》2018 年 4 月 9 日，第 1 版。

感、幸福感、安全感仍然有较大的提升空间。面对中国人民的进一步发展，习近平总书记在庆祝中国共产党成立95周年大会上的讲话中指出，全党同志一定要“不忘初心、继续前进”，努力向历史、向人民交出新的更加优异的答卷。习近平总书记在2017年10月31日瞻仰中共一大会址和浙江嘉兴南湖红船后进一步强调，“事业发展永无止境，共产党人的初心永远不能改变”。

二、“以人民为中心”

为了完成“为中国人民谋幸福，为中华民族谋复兴”这一初心和使命，要坚持“以人民为中心”的发展思想。“以人民为中心”成为党和政府的执政理念，也是中国人权事业发展的核心理念，它从人的主体出发，将改善人民生活、增进人民福祉谋发展作为目标，与《联合国宪章》和《世界人权宣言》的宗旨一致。

（一）“以人民为中心”的提出

一切为了人民，争取人民的解放和人民的全面发展，是中国共产党自成立之初的根本目标，是中国共产党的“初心”，也是中国人民革命和国家建设的重要目标。在这个过程中，从人权的维度来看，中国共产党领导人民所进行的革命和建设，是完全意义上的以人为主体，站在人民的立场上，为人民谋幸福，其初心是为了实现人民的人权。

而在实践过程中，强调人民的主体地位，为人民谋幸福，也是中国共产党和政府一项长期的历史使命。2016年7月1日，习近平总书记在庆祝中国共产党成立95周年大会上的讲话中郑重发出“不忘初心、继续前进”的伟大号召，强调“党的根基在人民、党的力量在人民”。在党的十九大上，“不忘初心、牢记使命”上升为大会的主题，习近平同志在党的十九大报告中深刻指出，“中国共产党人的初心和使命，就是为中国人民谋幸福，为中华民族谋复兴”，[3]并把“坚持以人民为中心”

〔3〕 习近平：《决胜全面建成小康社会　夺取新时代中国特色社会主义伟大胜利——在中国共产党第十九次全国代表大会上的报告》，载《人民日报》2017年10月28日，第1版。

作为新时代中国特色社会主义思想的核心内容加以阐述。

以人民为中心,作为中国共产党和中国政府的执政理念,也作为中国人权事业发展的核心理念,与《联合国宪章》和《世界人权宣言》的宗旨相一致。20 世纪中叶,国际社会在对两次世界大战进行深刻反思的基础上,为了应对和防范战争、贫困、饥饿等全人类的共同所面临的灾难,协商制定了《联合国宪章》和《世界人权宣言》。在这两份国际文件中,国际社会以"我联合国人民"的名义,首次站在"人类"(human being)的立场上,明确地提出"人权"(human rights)的概念。[4] 其中的人权概念不再以基督教上帝的庇佑为视角,而是将人类作为主体,在世界各国多元文化融合的基础上达成共识,将促进人类的"社会进步及较善之民生"作为最终目标。

习近平同志所坚持的以人民为中心的发展思想,就是从人民的主体出发,将改善人民生活、增进人民福祉谋发展作为目标,将人民期待和关切的需求作为内容,把人民的评断作为标准。

(二)坚持"以人民为中心"的要求

以人民为中心,意味着必须坚持人民主体地位。古希腊的普罗泰戈拉提出"人是万物的尺度",否定了神或命运等超自然的力量对社会人生的主宰,强调了人的主体性,树立了人的尊严,成为西方人文主义的起点。中国比西方更早地摆脱对神的崇拜,认识到人的主体作用。人在中国传统哲学中具有核心地位,关注人和尊重人的特质充盈于中国传统哲学中,表达了对人的生存意义和内在价值的深思。儒家仁爱思想的核心价值"爱人",孟子的"民为贵,社稷次之,君为轻",墨子的"兼爱""非攻",都是从人的主体出发,重视人民在社会发展中的作用。习近平总书记反复强调,人民是社会历史的创造者,也是推进中国发展的决定力量,体现的正是这一要求。

以人民为中心,意味着人民是目标的选择者。为人民谋幸福是党和政府的奋

[4] 张永和:《全面正确理解人权概念、人权话语及话语体系》,载《红旗文摘》2017 年第 14 期。

斗目标。人民是美好生活的享有主体,党和政府的所有利益都是为了人民的利益。离开了人民,党和政府的目标没有了着陆点,甚至会失去方向感和使命神圣感。

以人民为中心,意味着人民是标准的判断者,人民的生活是否"美好",这一评判标准是由人民作出的。"美好"是一项基于感受体验基础上的价值判断,人民对它的判断虽然充满主观性,但基本共识也很容易发现。历史的发展表明,其判断权必须也只能掌握在人民手中。习近平总书记在庆祝改革开放40周年大会上的讲话中所说的"把人民拥护不拥护、赞成不赞成、高兴不高兴作为制定政策的依据",[5]正是把握了这一要求。

三、"美好生活"

近代以来,国家山河破碎,人民生活困苦,中国人民深刻体会到免于贫困和饥饿才是生存之本。在后来的历史进程中,中国人民经历了从站起来、富起来到强起来的伟大变革,越发深刻认识到,人民生存权利的保障和生活质量的提高,是享有和发展其他人权的前提和基础。

习近平主席在纪念《世界人权宣言》发表70周年座谈会的贺信中直接地指出:"人民幸福生活是最大的人权。"[6]这是秉持以人民为中心的理念,站在人民的立场上,对人权的目标要求所作出的定义,享有"美好生活"的权利作为人类的一项现实人权,是对《联合国宪章》和《世界人权宣言》的"较高生活水准"的创造性表达。我们强调生存权和发展权是首要的人权,而生存权和发展权的获得,其目标就是人民的"美好生活"。

(一)"美好生活"的理念阐释

"美好生活"一直是习近平总书记系列重要讲话的高频词和主题词,那么"美

[5] 习近平:《在庆祝改革开放40周年大会上的讲话》,载《人民日报》2018年12月19日,第2版。
[6] 《人民幸福生活是最大的人权》,载《人民日报》2018年12月11日,第4版。

好生活”指的是什么？从2012年以来的系列讲话中可以看出，习近平总书记对“美好生活”范畴的定义经历了一个发展的过程。

党的十八届一中全会后，习近平总书记在2012年11月15日的中外记者见面会上，首次提出了“美好生活”的具体指向：更好的教育、更稳定的工作、更满意的收入、更可靠的社会保障、更高水平的医疗卫生服务、更舒适的居住条件、更优美的环境。习近平总书记在“美好生活”的提出之初更强调人民物质文化生活层面的美好。

习近平总书记在2017年7月26日省部级主要领导干部专题研讨班开班式上发表的重要讲话中，将“美好生活”的范畴进行了扩充：更好的教育、更稳定的工作、更满意的收入、更可靠的社会保障、更高水平的医疗卫生服务、更舒适的居住条件、更优美的环境、更丰富的精神文化生活。可以看出，习近平总书记将“精神文化生活”纳入了“美好生活”的范畴中。这是习近平总书记在随着人民群众的生活显著改善、人民群众的需求呈现多样化、多层次特点的基础上，对“美好生活”的具体范畴作出的一次重要界定。

在党的十九大报告中，习近平总书记14次提到“美好生活”，而且进一步将“美好生活”阐释为：物质文化生活的需求和民主、法治、公平、正义、安全、环境等方面的要求。“精神文化生活”在党的十九大报告中具体化为“民主、法治、公平、正义、安全、环境等方面”。

由此可见，“美好生活”既包括“物质文化生活”的需求，也包括“精神文化生活”的需求，它不仅指经济、社会和文化权利，也指公民权利和政治权利。在此基础上，习近平总书记响亮地指出“人民幸福生活是最大的人权”。

“美好生活”与联合国所致力的目标完全一致。《联合国宪章》作为193个联合国成员国的基本大法，在序言中明确将“促成大自由中之社会进步及较善之民生”作为其基本目标。在“国际经济与社会合作”部分，联合国的目标是“促进较高之生活程度，全民就业，及经济与社会进展”。联合国千年首脑会议的报告《我们民众》中，将《联合国宪章》的目标凝练总结为“致力于实现以更高生活水平为尺度、免于匮乏和恐惧的社会进步”。而作为联合国基本法之一的《世界人权宣言》也在序言中明确将"生活水平的改善"作为重要目标。被称为"国际人权宪章"之一的《经济、社会及文化权利国际公约》第11条规定:各缔约国必须采取适当的步骤保证实现人人"获得相当的生活水准,并能不断改进生活条件"的权利。

"美好生活"不仅与联合国所致力的物质文化生活方面的目标"更高生活水准"和"生活水平改善"一致,还涵盖了《联合国宪章》和《世界人权宣言》所提倡的民主、法治、公平、正义、安全、环境等精神文化生活方面的需求。

(二)"美好生活"的中国实践

没有实践的理念只是"水中月""镜中花"。在"美好生活"这一理念的指导下,习近平总书记提出,要围绕改善人民生活、增进人民福祉谋发展,人民群众关心什么、期盼什么,发展就抓住什么、推进什么。

根据世界银行的测算标准,按照人均每天支出1.9美元作为国际贫困标准,中国曾经是世界上贫困人口最多的国家。1978年,中国贫困人口数超过8亿。贫困是当时中国面临的最大问题。经过40年艰苦卓绝的发展,2017年中国贫困人口减少到3046万。在这些脱贫的人口中,有些人不仅实现脱贫,而且致富,甚至成了百万富翁、千万富翁、亿万富翁。中国坚持以人民为中心、为人民谋幸福的发展理念不懈奋斗,在所有发展中国家中率先完成联合国千年发展的减贫目标,对全球减贫贡献率超过70%。

根据联合国开发计划署和国务院发展研究中心完成的《中国人类发展报告2016》,在1990年属于联合国开发计划署测算的低人类发展水平组别的47个国家中,中国是唯一跻身高人类发展水平组的国家。

中国的发展不仅使大量人口摆脱贫困,而且让人民生活水平显著提升,消费层次由温饱型向全面小康型转变。根据世界银行的统计数据,2017年我国人均收入为8865美元,这不仅实现了《联合国宪章》所提出的"免于匮乏"目标,而且实现了对"更高生活水准"的追求,人民实现了基本的生存权,过上了具有"更高生活水准"的"美好生活"。这是中国人权事业发展的最显著标志,也是为世界人权事业做出的重大贡献。

(三)“美好生活”的制度保障

在中国,享有“美好生活”的权利成为人民的一项最重要的现实人权,而为中国人民谋幸福,为中华民族谋复兴,是党和政府使命,党和政府在不断发展和改革的过程中,在宪法、法律、政策等方面对人民的这项权利予以了充分保障。

1. 宪法层面的保障

1991 年,国务院新闻办公室发布《中国的人权状况》白皮书,这是中国政府向世界公布的第一份以人权为主题的官方文件,中国首次以政府文件的形式正面肯定了“人权”概念在中国社会主义发展中的地位,阐明中国在人权问题上的基本立场,树立起中国的人权观。

2004 年,第十届全国人民代表大会第二次会议审议通过了《宪法修正案》,“国家尊重和保障人权”被写入《宪法》,尊重和保障人权的主体由党和政府提升为“国家”,从而使尊重和保障人权由党和政府的意志上升为人民和国家的意志,由党和政府文件的政策性规定上升为《宪法》的一项原则。

2018 年,第十三届全国人民代表大会第一次会通过的《宪法修正案》,坚持人民主体地位,进一步为新时代实现人民的“美好生活”提供了有力的宪法保障。

2. 法律层面的保障

近年来,中国根据联合国人权条约的要求,结合中国的发展实际,既制定了一系列有关行政、刑事、民商事方面的实体法和程序法,也通过了一系列保障未成年人、妇女、老年人和残疾人等特殊主体权利的法律,形成了较完备的法律规范体系和执法体系,确保了人民在物质文化生活方面和精神文化生活方面享有“美好生活”的权利。比如,制定、修订了《教育法》《义务教育法》《高等教育法》《教师法》等法律,推动教育均衡发展,保障人民的受教育权;制定了《食品安全法》《药品管理法》《传染病防治法》《中医药法》《体育法》等法律法规,保护人民的生命权和健康权;制定了《环境保护法》《大气污染防治法》《土壤污染防治法》《水污染防治法》等法律法规,并建立环境侵权诉讼和公益诉讼程序规则,保护人民的环境权。

3. 政策层面的保障

1997 年,党的十五大提出"尊重和保障人权"。"人权"概念首次被写入党的全国代表大会的正式文件上,尊重和保障人权被作为中国共产党执政的一项执政目标。2002 年党的十六大将"尊重和保障人权"确立为新世纪新阶段党和国家发展的重要目标。2007 年,党的十七大再次强调要"尊重和保障人权"。同年,"尊重和保障人权"首次被写入《中国共产党章程》。2012 年,党的十八大将"人权得到切实尊重和保障"作为全面建成小康社会的重要目标,从战略层面确立了人权事业的重要地位。党的十八大修改通过的《中国共产党章程》再次重申"尊重和保障人权"。2017 年,党的十九大确立习近平新时代中国特色社会主义思想为党的指导思想,明确提出"坚持以人民为中心""把人民对美好生活的向往作为奋斗目标",为"美好生活"的实现提供了最直接的政策保障。

此外,中国积极响应联合国《维也纳宣言和行动纲领》,先后制定并实施《国家人权行动计划(2009 - 2010 年)》《国家人权行动计划(2012 - 2015 年)》《国家人权行动计划(2016 - 2020 年)》,明确坚持以人民为中心的发展思想,将保障人民的生存权和发展权放在首位,将增进人民福祉、实现人民对"美好生活"的需求、促进人的全面发展作为人权事业发展的出发点和落脚点。

四、"人类命运共同体"

过上幸福美好生活不仅是中国人追求的目标,从古至今,它也始终是全人类追求的梦想。但放眼世界,全世界尚有 8 亿多人处于贫困状态,战争和冲突从未间断,人类面临的全球性问题前所未有,世界各国人民前途命运越来越紧密地联系在一起。解决全人类所面临的问题,需要世界各国联合起来,构建人类命运共同体,求同存异,敢于担当,为全人类的生存和发展齐心协力。

(一)"人类命运共同体"的提出

当今世界是开放的,任何国家都不可能在封闭的状态下求发展。习近平总书记所说的“世界好，中国才能好；中国好，世界才更好”，正是看到了中国与世界互相依存的发展关系。在当前的国际形势下，反全球化现象蔓延，全球治理危机突出，贫困、动荡、战乱、冲突仍然威胁着全人类的生存和安全。只有解决好这些问题，才能促进全世界人权事业的整体发展。习近平总书记在对这一时代命题不断思考的基础上，提出了“构建人类命运共同体”的中国解决方案。

习近平总书记在2012年党的十八大报告中正式提出“倡导人类命运共同体意识”；2013年3月23日，习近平主席在莫斯科国际关系学院的演讲中，首次在国际场合提出“构建命运共同体”的倡议；2015年9月26日，习近平主席在联合国发展峰会上的讲话中详细阐释了“人类命运共同体”的主要内涵；2017年1月18日，习近平主席在联合国日内瓦总部的主旨演讲中，明确将“构建人类命运共同体”视为中国为解决当前人类所面临问题而为世界贡献的“中国方案”。在党的十九大报告中，习近平总书记将“推动构建人类命运共同体”作为新时代中国特色社会主义思想的重要组成部分。

（二）“人类命运共同体”的意义与价值

1. 化解人类社会全球性风险的要求

以乌尔里希·贝克和安东尼·吉登斯为代表的西方社会学者在对马克思、涂尔干、韦伯等就经典社会理论家学说的批判继承的基础上，通过对现代性的系统反思，提出了风险社会理论。贝克认为，全球风险的一个主要效应就是它创造了一个“共同世界”，在这个世界中，没有可用于逃避风险的“孤岛”，也没有可以用于转嫁风险的“出口”和“他者”，人类只能共同分享。每个人都是这个时代风险的见证者和亲历者，谁都无法独善其身。而这种人类所面临的共同危害，更像是一种集体命运。

在这个意义上，由西方某个大国所主导的单一的现代化模式已难以应对全球风险的现实危机，人类社会需要找到共通的心理基础和现实基础，超越政治、经济、文化的差异性，结成利益相连的共同体，强化人类共同的命运意识，从而解决困扰人类的全球性风险问题，最终实现人类社会的共同发展。

2. 继承和弘扬联合国的宗旨和原则

习近平主席所提出的构建人类命运共同体的理念坚持的仍然是以人为本、以人民为中心的基本原则。这不仅体现了中国文化的人本思想，而且与《威斯特伐利亚和约》《日内瓦公约》《联合国宪章》《世界人权宣言》所提倡的基本原则和精神一致。这些公约和国际关系所提倡与秉承的原则，正是建立在全人类对人的主体权利逐步承认、重视、尊重和保护的认知发展的基础上，一次次吸取教训，逐步达成共识，最终确立了全人类普遍应遵守的原则。

360多年前的《威斯特伐利亚和约》，创立了以国际会议通过和平协商的形式解决国际争端的先例，也使平等和主权最先成为国际共识的公约数。

150多年前《日内瓦公约》为国际人道主义定下标准。目前，全世界已有196个国家和地区成为日内瓦四公约〔7〕的缔约国，说明其所倡导的国际人道主义已成为世界范围内被普遍接受的价值理念。

1945年《联合国宪章》的签订生效，标志联合国正式成立。《联合国宪章》明确了其宗旨为："维持国际和平及安全""发展国际间以尊重人民平等权利及自决原则为根据之友好关系，并采取其他适当办法，以增强普遍和平""促成国际合作，以解决国际间属于经济、社会、文化及人类福利性质之国际问题，且不分种族、性别、语言或宗教，增进并激励对于全体人类之人权及基本自由之尊重"。其四大宗旨与七项原则被193个主权国家成员国所接收，说明从最广泛的层面找到了人类价值的共通之处。

《世界人权宣言》作为第一个人权问题的国际文件，继承、吸取了人类文化遗产中有关自由、平等、人权的一般观念，提出所有人"在尊严和权利上一律平等"，解放了人的思想，为推动世界人权事业的进步和发展做出贡献。

构建人类命运共同体的理念不仅与和平、发展、公平、正义、民主、自由等逐步发展起来的全人类的价值相一致，而且继承和发展了《联合国宪章》的宗旨和《世界人权宣言》的思想。这是构建人类命运共同体的出发点，也是人类达成共识的基础。

---

〔7〕 指1864年至1949年在瑞士日内瓦缔结的关于保护平民和战争受难者的一系列国际公约的总称。

3. 为解决人类的共同问题提供中国方案

随着世界多极化、经济全球化的深入发展和社会信息化、文化多样化持续推进,世界各国之间的联系越来越频繁。而纵观当今,人类发展仍面临许多亟待解决的重大难题。

世界经济发展持续乏力。自2008年全球金融危机以来,世界经济持续低迷,20世纪80年代以后建立的世界经济格局被打破。为了推动本国经济的发展,以美国为首的部分国家推行贸易保护主义的民族主义,更增添了世界经济发展的不确定性。

世界安全形势不断恶化。恐怖主义等非传统安全威胁已成为世界人类安全的主要威胁,而目前的全球治理系统呈现僵化和落后,治理理念主要从某些大国的利益和价值出发,难以在世界范围内达成共识。

世界重大议题久拖未决。随着全球一体化的不断发展,世界治理的重大议题不断出现:如应对全球气候变暖、国际网络空间治理、全球难民问题、跨境毒品犯罪、极端宗教势力等。目前,承担维持国际秩序和全球治理重任的美国及一些发达国家不仅缺乏责任担当,而且在"人权高于主权"的原则下随意干涉他国内政,造成地区动荡,给相关国家带来了巨大的灾难,从而使世界各国难以建立起有力的协调机制,损害了全人类的公共利益。

只有解决好这些问题,才能促进全世界人权事业的整体发展。习近平总书记在对这一时代命题不断思考的基础上,提出了"构建人类命运共同体"的中国解决方案。习近平总书记所提出的构建人类命运共同体的方案为世界人权发展描述了新愿景,即面对全球性社会危机,世界各国都有责任联合起来结成命运共同体,共同努力,不仅要使人类"免于匮乏和恐惧",还需要致力于实现《联合国宪章》所提出的"更高生活水准"进一步目标。

(三)中国在构建人类命运共同体中的责任担当

构建人类命运共同体,需要在世界范围内凝聚不同民族、不同信仰、不同文化、不同地域的全人类的共识,各国要把自身的发展同国家、民族、人类的发展结合在一起，敢于担当，肩负起全人类过上幸福美好生活的使命。

习近平主席在中国共产党与世界政党高层对话会上的主旨讲话中明确表示中国的责任担当："中国共产党是世界上最大的政党，大就要有大的样子""中国共产党所做的一切，就是为中国人民谋幸福、为中华民族谋复兴、为人类谋和平与发展"。[8] 中国在构建人类命运共同体中的使命担当主要表现如下。

1. 坚持把本国的事情做好，为世界做出实质贡献

把本国的事情做好，服务于中国人民美好生活的需要，这是中国对人类命运共同体最大的贡献。中国是世界上人口最多的国家，也曾经是贫困人口最多的国家，中国能解决自己国家的贫困问题，能提高自己国家人民的生活水平，这本身就是对世界的稳定和发展做出的最大贡献。

2. 通过推动中国发展，为世界创造更多机遇

习近平主席提出的"一带一路"倡议正是在这一理念指导下，对构建人类命运共同体的实践。4 年来，中国顾及了不同国家和地区之间意识形态、民族、信仰、文化的特点，求同存异，发起成立亚洲基础设施投资银行和新开发银行，设立丝路基金和南南合作援助基金、中国国际发展知识中心、南南合作与发展学院。目前，已有 100 多个国家和国际组织参与其中，说明"一带一路"尝试连通世界，构建起国家和地区为实现人类共同发展的巨大合作平台，也说明中国在构建人类命运共同体的理念下，通过推动自身发展，为世界人类的发展提供了更多机遇。

中国在自身发展的基础上，发挥人道主义精神：一方面，在减贫、教育、卫生、基础设施、农业生产等领域向亚洲、非洲的很多发展中国家援建了一大批农业、工业、交通运输、能源电力、信息通信等重大基础设施项目，帮助这些国家通过发展基础设施建设来破除发展"瓶颈"，从而保障当地民众民生权利的实现；另一方面，中国还为非洲等国家大量提供人道主义救援，例如，2014 年 3 月西非多国爆发埃博拉疫情，中国向受灾地区提供四轮援助，总额达 7.5 亿元人民币，派出专家和医护人员累计超过 1000 人次。同时，中国还是联合国安理会常任理事国中派出

[8] 习近平：《携手建设更加美好的世界——在中国共产党与世界政党高层对话会上的主旨讲话》，载《光明日报》2017 年 12 月 2 日，第 2 版。

维和人员最多的国家,是联合国维和行动第二大出资国,为维护世界和平和发展做出了巨大贡献。

3. 主动参与国际人权治理,与世界分享发展经验

李步云先生提出:“人类命运依靠人权维系,人权成为全人类共同追求的理想。”[9]各国应依据自身的国情来促进人权的进步,并将经验共享,这样才能更好地促进世界上每个国家人权的进步。

习近平主席在中国共产党与世界政党高层对话会上的主旨讲话中明确表示:“我们不‘输入’外国模式,也不‘输出’中国模式,不会要求别国‘复制’中国的做法。”[10]在构建人类命运共同体的实践担当中,中国做的是通过深化自身实践探索人类社会发展规律,并将中国探索的经验同世界各国分享。

首先,中国主动参与国际人权治理,积极履行国际人权义务。中国共参加了26项国际人权文书,其中包括《经济、社会及文化权利国际公约》《消除一切形式种族歧视国际公约》等6项主要人权文书。2018年11月,联合国人权理事会对中国进行了第三轮国别人权审议。150个国家在中国参加审议时报名发言,其中120多个国家明确支持中国。绝大多数国家认为中国此轮人权审议非常出色,给中国人权事业发展打了高分。绝大多数国家对中国人权事业的广泛肯定和赞赏,说明了习近平总书记所提倡的中国人权理念得到全世界的广泛理解、认同和支持。

其次,中国积极参与关于人权保障的国际规则制定。中国是联合国的创始会员国,参与了《联合国宪章》《世界人权宣言》和一系列国际人权文献的制定工作,参与了《维也纳宣言和行动纲领》《发展权利宣言》《儿童权利公约》《残疾人权利公约》《和平权利宣言》《消除对妇女一切形式歧视公约》等的制定,为国际人权规则体系发展做出了重要贡献。中国也是最早参加联合国气候变化大会的国家,全程参与并有效推动国际气候谈判,为《巴黎气候变化协定》的最终通过做出了贡

〔9〕 李步云:《“构建人类命运共同体”的科学内涵和重大意义》,载《吉林大学社会科学学报》2018年第4期。

〔10〕 习近平:《携手建设更加美好的世界——在中国共产党与世界政党高层对话会上的主旨讲话》,载《光明日报》2017年12月2日,第2版。

献。中国在参与国际人权治理中的态度和担当,得到了全世界的理解和尊重。

最后,中国不断开展人权交流与合作。中国以开放包容的态度,与世界各国深化人权领域的交流合作,增进彼此之间的了解和理解。仅 2018 年就成功举办了"北京人权论坛"、"改革开放与中国人权事业的发展进步"研讨会、"构建新时代中国人权话语体系"理论研讨会、"纪念《世界人权宣言》70 周年"国际研讨会、"马克思主义人权理论中国化及其新发展"研讨会、"2018 · 全国人权教育与研究"研讨会、"2018 · 中欧人权研讨会"、第八届中美司法与人权研讨会、"纪念《残疾人权利公约》生效十周年"研讨会、"发展和减贫对促进和保护人权的贡献"国际研讨会等 10 多次国际国内学术会议。通过这些建设性的对话与交流,使全世界了解中国在参与国际人权治理中做出的努力,为中国在国际上树立了为人民服务、负责任、有担当的大国形象,从而得以提升中国在国际人权领域的软实力和影响力,也有助于将中国的经验与全世界分享。

习近平主席在《携手建设更加美好的世界——在中国共产党与世界政党高层对话会上的主旨讲话》中指出:"人类命运共同体,顾名思义,就是每个民族、每个国家的前途命运都紧紧联系在一起,应该风雨同舟,荣辱与共,努力把我们生于斯、长于斯的这个星球建成一个和睦的大家庭,把世界各国人民对美好生活的向往变成现实。"[11] 随着人类命运共同体理念进一步取得共识和实践越来越发挥成效,人类命运共同体必将释放巨大的潜能,全人类发展的目标必将得到更充分的实现。

如今,习近平主席提出的"构建人类命运共同体"已被相继载入联合国决议、联合国安理会决议、联合国人权理事会决议,说明"人类命运共同体"准确地把握了世界发展的大格局。如果在"人类命运共同体"框架内理解"美好生活","美好生活"就不能仅由一国或几国享有。享有"美好生活"作为一项权利出现是人类发展的必然结果,它只能在"人类命运共同体"中实现。这是国际人权话语体系的重要议题,也应成为国际人权事业所共同努力的目标。

---

〔11〕 习近平:《携手建设更加美好的世界——在中国共产党与世界政党高层对话会上的主旨讲话》,载《光明日报》2017 年 12 月 2 日,第 2 版。

习近平总书记逐渐构建的“不忘初心”“以人民为中心”“美好生活”“人类命运共同体”是新时代中国人权话语体系中极为重要的4个概念。人民是美好生活的享有主体,是决定党和国家前途命运的根本力量;“美好生活”是人民的向往之所在,也是党和国家的奋斗目标;党和国家的奋斗目标并不是随意确定的,而是与党在创立之初的宗旨一脉相承。随着世界各国间的联系越来越紧密,中国人民美好生活的实现必须建立在构建人类命运共同体的基础上,正如习近平总书记所提出的“世界好,中国才能好;中国好,世界才更好”。

从“不忘初心”“以人民为中心”到“美好生活”,再到“人类命运共同体”,新时代中国特色社会主义人权话语的逻辑框架,与《联合国宪章》和《世界人权宣言》所倡导的基本精神一致,为中国新时代人权事业均衡发展指明了方向,成为中国争取国际人权话语权的基本话语表达。

马克思《论犹太人问题》人权思想探析

黄开洲 *

人权的本质究竟为何？日裔美籍学者弗朗西斯·福山认为：历史的终结行将来临，未来将是自由市场经济全球化的时代。[1] 西方结构主义的代表人物法国哲学家雅克·德里达却在这种充满矛盾的全球化语境中指明了马克思主义的方向，马克思主义的批判精神既适用于福山理想主义逻辑内“现实”向“理想”的适应，又适用于在假定“经验证据”外对“理想”本身的反思。[2] 170 多年过去了，“马克思的幽灵”仍然游荡在大工业生产的城市中，“犹太人问题”俨然已成为真正的“当代的普遍性问题”。

在意大利文艺复兴时期的重要人物马基雅维利将上帝拉下神坛之后，“人与神”的关系转化为了“人与人”的关系，哲人开始用“人”的眼光看待国家，整个世界的法权理论也转向了世俗的层面。在这种哲学背景下，“人”的问题自然成为马克思研究的重点。在当时，德国的工业化生产刚刚启动，大量的劳动者将时间和精力投入产品的生产。然而，作为工人的劳动者与作为工厂主的资本家却呈现明显的贫富差距，工人永远处于忙碌的状态，工人自我个性的发展在工资面前毫无价值，工人的劳动与产品成为异己的存在，异化的问题成为摆在马克思面前的难题。这不只是德国面临的问题，也是整个当代世界面临的难题，马克思不只要考察德国的现实制度，也要考察德国的古典哲学，更要考察资产阶级的社会制度，

* 深圳市中级人民法院法官助理。

〔1〕 参见[美]弗朗西斯·福山：《历史的终结与最后的人》，陈高华译，广西师范大学出版社 2014 年版，第 3 页。

〔2〕 参见[法]雅克·德里达：《马克思的幽灵——债务国家、哀悼活动和新国际》，何一译，中国人民大学出版社 2016 年版，第 88 页。

他将目光从理论延伸到实践，延伸到工业大生产的劳动者与资本家身上。

在马克思的著作中，首次出现“人权”概念的文本便是《论犹太人问题》，在该文本中，马克思通过逐一分析法国《人权和公民权宣言》和北美各州法律的条款，对自由、财产、平等和安全等主要人权概念进行剖析和论述，发现财产权是人权观念的核心并对其展开了严厉批判，这是马克思从异化向异化劳动转变前的重要阶段，[3]也是他突破自由主义的限制而形成具有普遍性的共产主义思想的重要一环。在马克思人权思想形成过程中，《论犹太人问题》发挥了承上启下的作用：一方面，它通过对犹太人的分析批判了长期以来处于“历史错位”的德国古典哲学；另一方面，它一针见血地揭示了古典自由主义主导下的人的异化本质，在此基础上，马克思将理论的批判回落到实在的法权，通过对资产阶级人权的定位以及“人”的概念的重新阐释，从法哲学的角度赋予了“人的解放”以理论和实践的力量。为此，对《论犹太人问题》进行人权意义上的解读是十分重要的，特别是要解答这样几个问题：文本写作的历史和社会背景为何？马克思是从什么场域解析犹太人问题的？人权批判的进路如何展开？马克思对“人”的理解为何？马克思对人的自由设想或其未来社会理想为何？唯有如此，我们才能更准确而客观地把握马克思的人权思想，本文将以这些问题为线索展开讨论。

一、《论犹太人问题》的写作背景

直至18世纪末，英国、美国和法国都相继完成了从专制社会向资本主义社会的转变，工业革命的浪潮也由英国传播到德国，机器大生产逐步替代手工业在德国站稳脚跟，然而，软弱的德国资产阶级无法为德国人民解开束缚自由的枷锁。马克思在《黑格尔法哲学批判》导言中对此作出了严厉的批判：“如果不摧毁当代政治的普遍障碍，就不可能摧毁德国特有的障碍。”[4]但是，什么是“当代政治的普遍障碍”？在法国期间，马克思发现资产阶级以资本的方式奴役着社会，无产阶级却成为一股

〔3〕 参见陈先达：《马克思异化理论的两次转折》，载《中国社会科学》1982年第3期。

〔4〕 中共中央马克思恩格斯列宁斯大林著作编译局编译：《马克思恩格斯选集》（第1卷），人民出版社2012年版，第14页。

有组织的庞大力量与之抗衡。与此同时,恩格斯在英国也发现了不需要哲学干预而按照自身规律进行的阶级斗争。这两个发现对马克思的思想演变起了决定性的作用。[5] 它让马克思在寻求德国出路的同时,对人的价值本身进行了更深入的思考。

在工业革命时期,货币在私有制下通过流转与积累逐渐转变为资本,劳动者逐渐脱离劳动产品及劳动本身而成为资本的奴隶,"工人在劳动中耗费的力量越多,他亲手创造出来反对自身的、异己的对象世界的力量就越强大,他自身、他的内部世界就越贫乏,归他所有的东西就越少",[6]社会的不公被一种法定的权利巩固下来。工人变成了一个个复刻的"螺丝钉",人的个性被完全磨灭。人与人之间只是一道道工作程序间的合作关系,人的社会生活被分裂为一块块碎片,人的主体地位逐渐客体化,资本主义的现代性成为"新的宗教",以货币的流转和积累为基础的资本成为"新的神",人们无法看清现代性背后的异化本质,甚至对资本主义趋之若鹜。然而,正如同马克思在《1844年经济学哲学手稿》中所称,国民经济学只是在表面上承认人的独立性,"在它往后的发展过程中必定抛弃这种伪善性,而表现出自己的十足的昔尼克主义"。[7] 这种"昔尼克主义"实际上就是霍布斯笔下的人与人敌对的"自然状态",自由与平等只是资本主义的外衣,剥削与压迫才是真实的历史。这种不自由的异化在犹太人身上体现得最明显。

当时,德国小资产阶级将犹太人群体视为封建专制残余,犹太人成为部分德国知识分子想象中阻碍德国冲破封建桎梏的最大障碍,反对犹太群体的呼声此起彼伏。1821年,弗里德里希·威廉海姆四世签署《内阁敕令》法案,明确表明要把犹太人和犹太教完全排斥在国家外,这份极富中世纪色彩的立法法案立即在普鲁士社会引起轩然大波。1843年,青年黑格尔派的代表人物布鲁诺·鲍威尔相继发表了《犹太人问题》(先以论文形式发表,后单册出版)和《现代犹太人和基督徒获得自由的能力》(论文),认为犹太人的问题是纯粹的宗教问题,他将犹太人遭受的伤害归结于他们的宗教本质。1843年3月,马克思在给卢格的信中写道:"不管我多么讨厌

〔5〕 参见中共中央马克思恩格斯列宁斯大林著作编译局编译:《马克思恩格斯选集》(第1卷),人民出版社2009年版,第70页。

〔6〕 同上书,第157页。

〔7〕 同上书,第159页。

犹太人的信仰,但鲍威尔的观点在我看来还是太抽象。应当在基督教国家上面打开尽可能多的缺口,并且尽我们所能塞进合理的东西。"[8]针对鲍威尔的观点,马克思撰写了《论犹太人问题》一文予以反击,他旗帜鲜明地指出鲍威尔没有抓住问题的本质,政治解放不等于人的最终解放,犹太人的问题应当在世俗中找寻。

在德文中,"犹太人"一词也指代"商业",而商业是市民社会的核心组成部分,马克思正是利用犹太人的这种双重意义将犹太教根植于商业精神中,犹太人身上浸染的市民社会的世俗性俨然使之成为了现代人的典型代表。现代人呈现的样态是古典自由主义畅行无阻的结果,古典自由主义在本质上就反对那种"公共领域"里的绝对性对"私人领域"里的"相对性"的侵占和挤压。[9] 现代性是一项"未完成的设计",[10]人与人已经异化为相互独立且对抗的个体,现代性的危机也是马克思在思考人类命运的过程中必须面对的。"现代性的终点也是共产主义的起点。共产主义终结的对象准确地说并不是(至少不仅仅是)资本主义,而是整个人类文明建设现代性的过程。"[11]犹太人的问题已成为现代人的问题,犹太人的危机也是现代人的危机,对犹太人的批判也是对现代社会的批判。由此,德国的困境并不在于封建专制与资本主义之间作选择,而在于如何扬弃异化而走向一条真正实现人的自由的道路,马克思把握到了德国乃至整个现代社会的命脉。

二、《论犹太人问题》文本解读:市民社会中的犹太人

(一)对政治解放的审视和反思

1. 鲍威尔的政治解放理论

在鲍威尔看来,德国犹太人的解放面临着三重屏障:专制统治是第一层屏障,

---

〔8〕 中共中央马克思恩格斯列宁斯大林著作编译局编译:《马克思恩格斯全集》(第47卷),人民出版社2004年版,第54页。

〔9〕 陈家琪:《马克思与犹太人问题》,载《浙江学刊》2005年第1期。

〔10〕 [德]于尔根·哈贝马斯:《现代性的哲学话语》,曹卫东等译,译林出版社2004年版,第1页。

〔11〕 周尚君等:《自由的德性——马克思早期法哲学思想研究》,知识产权出版社2015年版,第108页。

所以犹太人不能获致完全的政治权利;基督国教是第二层屏障,所以犹太人不能获得与基督徒等同的政治权利;犹太教宗是第三层屏障,犹太人视国家为异己的外物,德国公民的身份与犹太宗教的信仰不可能统一。鲍威尔不仅就神学角度从理论上否定了犹太人获致解放的可能性,还排除了犹太人在实践中获得政治解放的三种途径:一是犹太人放弃犹太教而信奉基督教;二是基督教将特权扩大到犹太人的领域;三是如法国般在国家层面废除宗教但将宗教融入日常生活。鲍威尔由此给出了自己的解决方案:犹太人的自由就是获得政治解放,要获得解放必须放弃犹太教,一般教徒要获得解放必须放弃宗教,而宗教从国家层面的消灭就是宗教的完全消灭,一旦国家层面的宗教得以消灭,犹太人就能获得解放。鲍威尔从宗教的角度出发,关闭了犹太人的解放之门。一言以蔽之,只要德国还是一个基督教国家,犹太人就不可能获得解放。

马克思并不全然否定鲍威尔的解决方案,他认为政治解放本身是具备"进步性"的,"他把这一切都做得大胆、尖锐、机智、透彻,而且文笔贴切、洗练和熊健有力"。〔12〕具体而言,马克思从四个方面肯定了政治解放的合理性和进步性:一是鲍威尔正确认识到了德国国家层面上宗教对立的现实,在神学的角度,国家"如果要对犹太人采取基督教的立场,那就要宣讲福音";〔13〕二是鲍威尔明确指出以宗教为前提的国家不是真正的国家,基督教国家应当受到批评,"他们把基督教国家假设为唯一真正的国家,而没有像批评犹太教那样给以批判",〔14〕只有破除特权,才能使人平等地获得政治上的权利;三是政治解放能使犹太人获致政治层面的平等权利,人以国家为中介"以抽象的、有限的、局部的方式超越"〔15〕了人与自身的矛盾,实现了政治国家层面的要素平等;四是政治解放使国家具备普遍性,使人过上了一种有限的类生活,尽管这种普遍性是一种"非现实的普遍性",〔16〕但相较之

〔12〕 中共中央马克思恩格斯列宁斯大林著作编译局编译:《马克思恩格斯文集》(第1卷),人民出版社2009年版,第23页。

〔13〕 同上书,第38页。

〔14〕 同上书,第25页。

〔15〕 同上书,第29页。

〔16〕 同上书,第31页。

前的状态而言已是巨大的进步。

实际上,从鲍威尔的前期文章中可以看出,鲍威尔真正批判的是社会中的特权,最终想要获致的是人的真正解放而不只是政治上的解放;然而,他却始终在宗教的圈子里打转。与之不同,马克思通过对自由主义法权关系的分析发现犹太人的这种解放绝非是一种完全的人的解放,由此,马克思才将鲍威尔的"人的解放"方案直接理解为一种"政治解放"方案。马克思在早期也深受黑格尔的影响,直到他跳出了黑格尔哲学的圈子,从批判政治国家转向批判市民社会,才真正地将犹太人的问题引向了"普遍性问题"的方向。从这个层面分析,马克思对黑格尔抑或鲍威尔的批判,也是马克思对自身前期不成熟理论的批判。[17]

2. 马克思对早期思想的修正

尽管马克思在《政治经济学批判》序言中提到,《黑格尔法哲学批判》的分析让他明白法的关系和国家的形式同样根源于物质的生活条件,但是,写作《黑格尔法哲学批判》时的马克思还是站在政治解放的视角上思考人的解放问题的,他将费尔巴哈的宗教批判运用到政治的领域,强调消除特殊性而实现普遍性。马克思用历史作为消解黑格尔逻辑的强有力的论证手段。但是,他在论述市民社会和政治国家的关系时,将它们的分离与对立视为天地之差,对市民社会的本质属性的表述也甚少。从这个角度解读的话,《黑格尔法哲学批判》还是没有跳出黑格尔哲学的圈子。直到完成了《克罗茨纳赫笔记》,马克思才理解私有财产对德国社会的重大影响。

黑格尔的《法哲学原理》是以"绝对精神"为核心的,在思维与存在二元对立的难题面前,黑格尔用"观念先于现实"来解决二者之间的矛盾。黑格尔认为政治国家是"绝对精神"的顶点,他坚信政治国家是市民社会的基础,他将具有时代特征的君主制看作国家本质的潜在含义。阿维纳瑞认为,马克思的这个发现使其对黑格尔的探讨不再局限在纯粹哲学的层面,而变成了社会批判。[18] 马克思从实际的经济制度出发阐释了思维与存在在世俗世界中的根本对立,[19] 他明确提

〔17〕 参见朱学平:《从共和主义到社会主义——马克思〈论犹太人问题〉新解》,载《现代哲学》2014 年第 3 期。

〔18〕 参见[以]阿维纳瑞:《马克思的社会与政治思想》,张东辉译,知识产权出版社 2016 年版,第 17 页。

〔19〕 参见[美]戴维·麦克莱伦:《马克思传》,王珍译,中国人民大学出版社 2008 年版,第 66 页。

出黑格尔哲学中的政治国家是对市民社会的反对,但他并没有进一步阐述政治国家和市民社会的关系。马克思通过《黑格尔法哲学批判》批判的是政治制度,诚如他所言:“这篇文章的主要内容是同立宪君主制这个彻头彻尾自相矛盾和自我毁灭的混合物作斗争。”[20]

如果说马克思在《政治经济学批判》序言中有意修正前期的想法,那也应该理解为马克思在写作《黑格尔法哲学批判》时,已意识到并判断出人的异化是政治领域和私人领域的异化,异化的消除应是两个领域的异化的一同消除,但此时的马克思认为:政治的解放将带动市民的解放,人的解放也将告终结。直到后期对市民社会中私有财产的深入研究,马克思才发现了原来的错误。然而,我们更应该注意的是,《黑格尔法哲学批判》是马克思从政治领域的批判转向市民社会领域的批判的开始,直到写作《论犹太人问题》时马克思才抓住了市民社会的命脉——通过古典自由主义法权理论实现对财产的占有,这种市民社会的批判也才正式浮出水面。

(二)政治解放的局限性与人的解放的超越性

1. 政治解放的局限性

马克思并不反对鲍威尔对基督教国家的批判,但是,在克罗茨纳赫期间的理论研究使马克思对政治国家和市民社会的内在联系有了更深入的理解,他抛弃了《黑格尔法哲学批判》中对政治国家的批判,转而将矛头指向了市民社会。马克思认为:鲍威尔给出的政治解放方案是片面的,他的错误在于“他批判的只是‘基督教国家’,而不是‘国家本身’,他没有探讨政治解放对人的解放的关系”。[21] 为此,马克思从两个方面展开了对政治解放的批判:一是政治解放不需要消灭宗教,宗教在国家层面的消灭不等于宗教的完全消灭;二是政治解放不等于人的解放,完成了政治解放的国家无法使人过上类生活。

按照鲍威尔的说法,放弃犹太教能让犹太人获得政治上的权利,但马克思指

[20] 中共中央马克思恩格斯列宁斯大林著作编译局编译:《马克思恩格斯全集》(第47卷),人民出版社2004年版,第23页。

[21] 中共中央马克思恩格斯列宁斯大林著作编译局编译:《马克思恩格斯文集》(第1卷),人民出版社2009年版,第26页。

出:放弃犹太教与废除宗教是不同的两件事,一般的人不需要废除宗教就可以获得政治上的解放。马克思分别以德国、法国和美国为例进行论证:犹太人问题在政教合一的德国是纯粹的神学问题,是封建专制的结果;在立宪制的法国是政治解放不彻底的结果,宗教的外衣仍然保留;在共和制的已完成了政治解放的北美各州是真正的世俗问题,宗教不再是神学的问题而是政治的问题。马克思由此得出结论,即"在政治解放已经完成了的国家,宗教不仅仅存在,而且是生气勃勃的、富有生命力的存在",所以"宗教的定在和国家的完成是不矛盾的"。[22] 政治解放不以消灭宗教为前提。

鲍威尔认为:除非彻底地在政治国家中消灭宗教,否则犹太人无法获得真正的解放,而宗教在国家中的废除就是宗教的彻底废除。[23] 针对这点,马克思直接指出政治解放的局限性:"即使人还没有真正摆脱某种限制,国家也可以摆脱这种限制,即使人还不是自由人,国家也可以成为自由国家。"[24]实际上,鲍威尔也承认这点,但鲍威尔将宗教这种要素看作政治解放的唯一决定性要素。然而,政治解放不仅没有消灭宗教,反而将宗教从公法领域驱逐到私法领域中去,宗教不再是国家的精神而成为"市民社会的、利己主义领域的、一切人反对一切人的战争的精神"。[25] "宗教从国家向市民社会的转移,这不是政治解放的一个阶段,这是它的完成。"[26]摆脱了宗教的政治解放并没有消灭宗教,只是教徒不在政治国家意义上享有宗教上的特权而已。

鲍威尔实际上只是对黑格尔宗教哲学思想进行复述,但是,黑格尔在后期已转向更深入的"异化"问题研究,鲍威尔仍然在神学问题上打转。总而言之,政治解放不需要消灭宗教,宗教在国家层面的消灭不等于宗教的完全消灭,也不意味着人得以完全解放。宗教问题并非犹太人问题的本质,这是马克思对鲍威尔观点的根本性批判。

---

〔22〕 中共中央马克思恩格斯列宁斯大林著作编译局编译:《马克思恩格斯文集》(第1卷),人民出版社2009年版,第27页。

〔23〕 同上书,第32页。

〔24〕 同上书,第28页。

〔25〕 同上。

〔26〕 同上书,第32页。

2. 人的解放的超越性

与鲍威尔站在宗教的角度看待犹太人问题不同,马克思是站在人的角度看待这个"普遍性问题"的。从政治国家的层面出发,犹太人只可能获得政治上的解放,只有从市民社会的层面出发,包括犹太人和基督徒在内的所有人才能实现彻底的人的解放,这也是马克思反驳鲍威尔观点的核心。

首先,犹太人问题是世俗问题,而不是神学问题。应当用历史的、实践的眼光看待犹太人问题,"人们一直用迷信来说明历史,而我们现在是用历史来说明迷信"。[27]马克思区分了世俗问题和神学问题。如果世俗问题是神学问题,则宗教国家具有天然的合法性。宗教是人与上帝沟通的纽带,上帝是人的全部神性、全部自由的寄托者,是人的自我异化的体现。在政教合一的制度下,宗教彻底掌控人的一切。人与人之间难以实现权利上的平等对待,政治的话语就是私人的话语。政教分离后,世俗的神学外衣被打破,奥古斯丁打通了人与上帝之间的沟通渠道,个体只需要单独认信上帝,就可以得到上帝救赎。如果神学问题是世俗问题,宗教就变成了个人的信仰,国家运行与宗教信仰并行不悖,所有人都得以以公民身份参与世俗生活,宗教从政治领域转向了私人领域。"用迷信说明历史"是指宗教将人从主体地位置于客体地位,而实际上,人应当掌控自己创造的世界,应当"用历史来说明迷信"。在将神学问题归摄入世俗的领域后,宗教与政治解放之间就不存在必然的矛盾了。

其次,国家取代上帝成为人获致政治自由的中介。政权和教权分离后,政治国家的合法性地位无须上帝的确认,"上帝的归上帝,恺撒的归恺撒"。然而,"人把自己的全部非神性、自己的全部人的自由寄托在它身上",[28]政治国家和宗教一样只是一个中介者,人通过政治国家得到的解放仍然是抽象的、有限的和局部的。马克思以北美多个州取消财产资格限制为例,说明从政治上宣布废除私有财产反而以私有财产为前提。包括私有财产、出身、等级、文化程度和职业在内的种种要素,即使国家从政治的角度将其废除,它们反而会在私人的领域发挥作用并

〔27〕 Diane Paul, "'In the Interests of Civilization': Marxist Views of Race and Culture in the Nineteenth Century", *Journal of the History of Ideas* 42, 1981, p. 27.

〔28〕 中共中央马克思恩格斯列宁斯大林著作编译局编译:《马克思恩格斯文集》(第1卷),人民出版社2009年版,第29页。

表现出特殊的本质。政治国家要实现自身的普遍性，就必须在政治上宣布宗教、财产等要素的无效，但这些要素不仅没有消失，反而转移到市民社会中。这表明，这些要素根本不是在政治国家自身的范围内产生的，人可以通过政治国家获致解放，但这绝不是人的真正解放，因为约束人的要素仍然存活在市民社会中。政治解放不仅无法让人获致完全的自由，反而将这种矛盾以更激烈的方式展示出来。

最后，人从市民社会中解放才能获致完全的自由。马克思发现："完成了的政治国家，按其本质来说，是人同自己物质生活相对立的类生活。这种利己生活的一切前提继续存在于国家范围之外，存在于市民社会之中，然而是作为市民社会的特性存在的。"〔29〕政治解放将市民社会的特性彻底地暴露出来，而这种特性在自由主义的鼓舞呐喊下肆无忌惮地侵蚀着人的自由，"政治解放对宗教的关系问题已经成了政治解放对人的解放的关系的问题"。〔30〕已经完成解放的政治国家中的人过着双重的生活，一个是在政治共同体中的意识的天国生活，另一个是市民社会中的现实尘世生活，在特定时代背景下，前一种生活必须服从后一种生活。但是，市民社会的利己的生活又是异化的生活。一切的发生像是生产资料的所有者不依靠政治或军事手段，而仅依靠经济机制的运作就能获取剩余价值。〔31〕"人作为私人进行活动，把他人看作工具，把自己也降为工具，并成为异己力量的玩物。"〔32〕人在现实生活中受到合法的奴役，人与人之间不是主体与主体之间的平等关系，而是客体与客体之间的异化关系，即使是奴隶主也需要奴隶的存在才能证明自己的身份与地位，人遭遇着历史上最隐蔽而紧迫的危险。

人的解放是对政治解放的超越表现在：第一，在实现人的真正解放的状态下，政治国家与市民社会的区分不再存在，公民与私人的身份划分不再存在，公共利益与私人利益的界限不再存在，人过上真正的类生活；第二，人实现自由不需要借由任何中

〔29〕 中共中央马克思恩格斯列宁斯大林著作编译局编译：《马克思恩格斯文集》（第1卷），人民出版社2009年版，第30页。

〔30〕 同上书，第27页。

〔31〕 参见［法］雷蒙·阿隆：《想象的马克思主义》，姜志辉译，上海译文出版社2007年版，第120页。

〔32〕 中共中央马克思恩格斯列宁斯大林著作编译局编译：《马克思恩格斯文集》（第1卷），人民出版社2009年版，第30页。

介,人与人的关系也不再需要任何的媒介,整个社会是自由人的联合体;第三,每个人不再以他人为敌人、为手段,每个人都以他人为目的,人不再成为异化力量的玩物。正如马克思所言:“只有当现实的个人把抽象的公民复归于自身,并且作为个人,在自己的经验生活、自己的个体劳动、自己的个体关系中间,成为类存在物的时候,只有当人认识到自身‘固有的力量’是社会力量,并把这种力量组织起来因而不再把社会力量以政治力量的形式与自身分离的时候,只有到了那个时候,人的解放才能完成。”〔33〕

(三)政治国家与市民社会的关系

《论犹太人问题》的理论前提是政治国家与市民社会的二元分立。社会的演变过程取决于路径,〔34〕人类历史的发展也是政治国家和市民社会间相互博弈的过程。从古希腊—罗马时期的依存互动关系,到中世纪时期的吞噬同化关系,再到文艺复兴之后的契约竞争关系,人的命运和法权关系始终在二者的互动中呈现不同的样态。

1. 政治国家与市民社会的博弈过程

政治国家和市民社会的雏形,在公元前的古希腊时期就已出现。荷马史诗《伊利亚特》把阿喀琉斯塑造成一个“豪言壮语的演说者”,将人类的言语交流上升到了政治沟通的高度,人类以不同于一般欲望动物的身份出场,语言而不是暴力成为政治的手段。在以家属关系为核心的自然组织解体后,城邦获得了生长的土壤,它是自然产生的为了使人过上更“优良的生活”的一个阶段。〔35〕城邦中的人成为“政治的动物”,〔36〕人类开始了除私人生活外的另一种生活——公共生活,私人领域和公共领域开始分离,并由此导出了市民社会和政治国家的观念。严格地说,公元前五六世纪的社会以城邦为形式,不存在政治国家的说法,人们更多地以私人生活领域指代市民社会,以公共生活领域指代政治国家。市民社会的概念

---

〔33〕 中共中央马克思恩格斯列宁斯大林著作编译局编译:《马克思恩格斯文集》(第1卷),人民出版社2009年版,第46页。

〔34〕 参见[美]查尔斯·蒂利:《未来的历史学》,载[英]S.肯德里克等编:《解释过去,了解现在——历史社会学》,王辛慧等译,上海人民出版社1999年版,第20页。

〔35〕 参见[古希腊]亚里士多德:《政治学》,吴寿彭译,商务印书馆1983年版,第8页。

〔36〕 同上。

最早可以在亚里士多德的《政治学》中找到:“隶属于同一城邦的人称为‘同邦公民’(同城市民)。”[37]也有学者认为,“市民社会”的概念是古罗马的西塞罗在公元前一世纪提出的,“它不仅指单个国家,而且指业已发达到出现城市的文明政治共同体的生活状态”。[38] 在古希腊,自由只存在于政治领域,哲学家的任务就是引导人走上“善”的道路,私人领域要助推公共领域“善”的完成,如此才能构建柏拉图笔下的《理想国》。而在古罗马,财产而不是哲学家获得了新的高度,人们“从不为了公共领域而牺牲私有领域,相反,他们懂得只有在两者共存的形式中,这两种领域才能生存下去”。[39] 无论古希腊还是古罗马,“共同的善”是城邦公民的共同追求,公共生活在私人生活的基础上衍生出来,公共的事务就是私人的事务,政治上的等级就是经济上的等级。[40] 可以认为,市民社会和政治国家在古希腊—罗马时期呈现依存互动的关系。

古罗马帝国被消灭后,人们经历了一段瘟疫与饥荒并行的黯淡生活,亚里士多德对城邦善的追求成为古典的遗产被中世纪和文艺复兴重新挖掘,但是,古代遗产的原则不足以使世俗世界独立于教会,“因为只要承认有更高的目的存在,就会被教会用来根据宗教的标准作为世俗生活的许可证”。[41] 基督教的出现让人们在绝望之境看到了生的希望,政教合一的国家政体具备了生长的条件,天主教堂也为人们提供了公民权的替代品。教会成为维系帝国和社会的纽带,传教上用上帝信仰将人们紧密地联系在一起,人们互称“兄弟姐妹”,都是上帝的子民,政教合一的专制政体以一种回归城邦以前的家庭统治的形式重新统治整个世界。教会的出现使宗教势力和世俗势力相互分离,[42]世俗权力对人的心灵不再具有决定性的影响力,教权和王权持续相继地争夺着家长的权力。与古代家庭以家长的强权统治不同,中世纪的国家通过“契约”的形式把封建制一推到底,领主和君

〔37〕 参见[古希腊]亚里士多德:《政治学》,吴寿彭译,商务印书馆1983年版,第44页。
〔38〕 [英]戴维·米勒等:《布莱克维尔政治学百科全书》,邓正来主编,中国问题研究所等译,中国政法大学出版社1992年版,第125页。
〔39〕 [美]汉娜·阿伦特:《人的条件》,竺乾威等译,上海人民出版社1999年版,第46页。
〔40〕 同上书,第37页。
〔41〕 [法]皮埃尔·莫内:《自由主义思想文化史》,曹海军译,吉林人民出版社2011年版,第2页。
〔42〕 参见[法]基佐:《欧洲文明史》,程洪逵等译,商务印书馆1998年版,第35页。

主以自己的名义进行着公共决策,神权、王权和贵族将政治原则社会化,市民社会“直接具有政治性质”。[43] 公共决策是上帝的语言,世俗的行为被纳入国家的范畴,私人领域被公共领域所包含,市民社会被政治国家所吞噬,二者呈现虚假的同一。公共话语是当权者的私人语言,政治国家因个别人的私利而异化,这种异化是市民社会在个体上发展的顶峰,市民社会将自己置于政治国家的阴影下。这一时期的市民社会和政治国家呈现出吞噬同化的关系。

中世纪的社会具有“神权政治的、君主政治的、贵族政治的、民主政治的成分”,“存在着无数程度不平等的自由、财富和势力”。[44] 即使阿奎那成功地调和了亚里士多德和基督教的冲突,但一种可以正反两用的学说显然无法稳固地界定世俗社会和教会国家的关系。直到文艺复兴打响自由与民主的口号,人的理性才得以觉醒,“人类脱离自我招致的不成熟”,[45]“人的命运成为一切努力和奋斗的尺度和目标”。[46] 马基雅维利坚决地将道德移除出政治外,由此也构成了与古希腊的根本决裂,在此基础上,霍布斯以主权为核心进一步揭露人性的恶。这种法哲学主题的转向使法律倒向了人性的根本需要,国家从目的变成手段,成为保障人“自我保存”的工具。以资产阶级为核心的市民社会浮出水面,政治国家不再能压抑市民社会的整体发展,普遍利益与个人利益的张力在自由主义的旗帜下愈加明显,君主或教皇的个人私利扩大到了整个社会领域,市民社会得到彻底的解放,政治国家充当起“守夜人”的角色。以财产关系为核心的整个经济关系开始政治国家的直接控制,套在市民社会头上的面纱被彻底揭开,马克思坦言:“只有市民等级和政治等级的分离才表现出现代的市民社会和政治社会的真正的相互关系。”[47]然而,自由主义的过分发展使市民社会和政治国家的冲突愈加激烈,人们借着公共的名号办着私人的事情,政治国家俨然已沦为市民社会的手段。这个

---

〔43〕 中共中央马克思恩格斯列宁斯大林著作编译局编译:《马克思恩格斯文集》(第1卷),人民出版社2009年版,第44页。

〔44〕 [美]汉娜·阿伦特:《人的条件》,竺乾威等译,上海人民出版社1999年版,第23页。

〔45〕 [美]詹姆斯·施密特编:《启蒙运动与现代性》,徐向东、卢华萍译,上海人民出版社2005年版,第61页。

〔46〕 同上书,第57页。

〔47〕 中共中央马克思恩格斯列宁斯大林著作编译局编译:《马克思恩格斯全集》(第3卷),人民出版社2002年版,第91页。

阶段的市民社会和政治国家呈现契约竞争的关系,并以市民社会主导为先。

自由主义实现了市民社会的复归,西方国家在资产阶级契约形式下呈现“普遍利益与私人利益日益分化,公共权力持续受限,私人权利不断膨胀”的趋势。在此基础上,黑格尔对自由主义提出严厉批判,他意欲回归政治国家的德性,将私人权利约束在普遍利益下。鲍威尔继承了黑格尔的传统,将政治国家中人的权利视为基本的人权。马克思则洞察到了资产阶级革命的世俗性质,认为政治国家内生于市民社会。马克思已经觉察到了受私有财产支配的社会异化现象,因此,消除人与国家之间的异化现象和破除政治国家与市民社会的对立就显得异常重要。〔48〕 由此,马克思展开了对黑格尔法哲学的批判。

2. 马克思对黑格尔法哲学的批判

18 世纪的法国大革命标志着封建社会旧的市民社会已被新的资产阶级主导的市民社会所取代。卢梭的自由学说直接推动了法国大革命的进程,正如海涅所说:“罗伯斯庇尔不过是卢梭的手而已。”〔49〕卢梭将自由的限度作为政治国家和市民社会关系界定的依据。然而,黑格尔是一个试图回归古典传统的思想家,他认为共和国的德性比个人的自由更重要,“市民社会是处在家庭和国家之间的差别的阶段……它必须以国家为前提”。〔50〕 政治国家作为一个中介调和了各种阶级和社会矛盾,它处在家庭和市民社会外而又凌驾于市民社会上。黑格尔试图构建一个实体国家,这个实体国家是从经验现象中抽象出来的,他认为政治国家的普遍性必定会超越市民社会。〔51〕

在马克思看来,市民社会并非如黑格尔所言是近代以来资产阶级主政后才产生的,在中世纪,“市民社会的等级和政治意义上的等级是同一的”。〔52〕 马克思用历史的观念取代了黑格尔的逻辑的观念,从根本上打破了黑格尔国家理论

〔48〕 参见李光灿、吕世伦主编:《马克思恩格斯法律思想史》,西安交通大学出版社 2016 年版,第 90 页。

〔49〕 [德]海涅:《海涅选集》,张玉书编选,人民文学出版社 1983 年版,第 291 页。

〔50〕 [德]黑格尔:《法哲学原理》,范扬、张企泰译,商务印书馆 1961 年版,第 197 页。

〔51〕 参见[以]阿维纳瑞:《马克思的社会与政治思想》,张东辉译,知识产权出版社 2016 年版,第 18 页。

〔52〕 中共中央马克思恩格斯列宁斯大林著作编译局编译:《马克思恩格斯全集》(第 3 卷),人民出版社 1995 年版,第 90 页。

的前提，他认为："绝不是国家制约和决定市民社会，而是市民社会制约和决定国家。"[53]在《论犹太人问题》中，马克思进一步指出：旧的市民社会直接具有政治性质，市民生活的要素已上升为国家生活的要素。[54] 在马克思后期的文本《德意志意识形态》中，他也再次强调：市民社会是整个历史的基础，也是全部历史的真正发源地和舞台，不应当从政治国家出发，而是"从市民社会出发阐明意识的所有各种不同的理论产物和形式"。[55]

黑格尔试图通过等级制度调和政治国家与市民社会的矛盾，将政治国家在现实中分立为代表不同利益的阶级，让市民社会中的私人等级以议员的身份参与政治生活。在马克思看来，这种制度只是14世纪的翻版，将法国大革命的精神与宗教国家的政治制度相结合应用在落后的德国上注定是一种失败，等级制无法将私人等级转化为普遍等级，"这是最坏的一种混合主义"。[56] 马克思指出：按照黑格尔的理论，市民社会就变成了政治社会，只有民主制才能将国家制度"不断地引回到人的现实的基础、现实的人、现实的人民，并被设定为人民自己的作品"。[57] 而这又将使市民社会的本质与其本原相违背，这必将导致市民社会的解体，作为市民社会对立面的国家也将一并解体，二者解体后人的私利斗争仍将延续。

黑格尔笔下的国家统一体"表现为一个同人民相脱离的统治者及其仆从的特殊事务"，[58]它最终就必定达到一种将人的主体组成的整个阶层都从中排除出去的制度化，经验的人在现实社会的各种矛盾要求与政治理想主义的主张之间被撕成碎片。[59] 这显然不是马克思愿意看到的，他"拒绝接受这种政治的或法权的社

---

〔53〕 中共中央马克思恩格斯列宁斯大林著作编译局编译：《马克思恩格斯全集》（第3卷），人民出版社1995年版，第113页。

〔54〕 参见中共中央马克思恩格斯列宁斯大林著作编译局编译：《马克思恩格斯文集》（第1卷），人民出版社2009年版，第44页。

〔55〕 同上书，第544页。

〔56〕 中共中央马克思恩格斯列宁斯大林著作编译局编译：《马克思恩格斯全集》（第3卷），人民出版社2002年版，第119页。

〔57〕 同上书，第40页。

〔58〕 中共中央马克思恩格斯列宁斯大林著作编译局编译：《马克思恩格斯文集》（第1卷），人民出版社2009年版，第44页。

〔59〕 参见［以］阿维纳瑞：《马克思的社会与政治思想》，张东辉译，知识产权出版社2016年版，第28页。

会概念”。[60] 黑格尔的法哲学满足于政治国家中的公民和市民社会中的私人这种双重身份下的生活，满足于人在市民社会中的异化，马克思则试图将政治解放进行得更彻底，让人从已经异化的抽象的政治领域中解放出来。

（四）市民社会中的犹太精神

鲍威尔始终是站在宗教的角度思考犹太人问题的，在他看来，基督教是自我意识的最完美而高级的形式，犹太人想要获得自由就要抛弃犹太信仰，成为一名基督徒，“学完《符类福音作者的福音故事考证》《耶稣传》，等等”。[61] 然而，成为基督徒的犹太人获致的自由还不是完全的自由，只有基督徒再次放弃宗教时，犹太人才实现解放。对鲍威尔来说，对基督教的批判也是对宗教的最高形式的批判，是人获致自由的必经之路。相较而言，犹太人获得自由的能力也远低于基督徒，犹太人“不仅要摒弃自己的犹太本质，而且要摒弃自己宗教的趋于完成的发展”。[62] 总而言之，在《现代犹太人和基督徒获得自由的能力》中，鲍威尔从神学的角度论证了犹太人几乎不可能获得自由的观点。

马克思在《论犹太人问题》第一部分中已说明了犹太人的问题是世俗问题而不是神学问题，因此，对犹太人的考察就更应转向世俗的方面。马克思用费尔巴哈般主客体相互颠倒的思维方式论证了基督教不是犹太教的更高形态的观点，相反，犹太教是基督教的顶峰。马克思认为：犹太人获得解放的能力问题应该变成“必须克服什么样的特殊社会要素才能废除犹太教的问题”。[63] 鲍威尔从神学的角度考察“安息日的犹太人”，马克思则从世俗的角度考察“日常的犹太人”。在马克思看来：犹太人的世俗基础是“实际需要，自私自利”，犹太人的世俗礼拜是“经商牟利”，犹太人的世俗的神是“金钱”，而现代人的自我解放

---

〔60〕［美］艾伦·伍德：《马克思对正义的批判》，林进平译，载《马克思主义与现实》2010 年第 6 期。

〔61〕中共中央马克思恩格斯列宁斯大林著作编译局编译：《马克思恩格斯文集》（第 1 卷），人民出版社 2009 年版，第 48 页。

〔62〕［德］布鲁诺·鲍威尔：《现代犹太人和基督徒获得自由的能力》，李彬彬译，载《现代哲学》2013 年第 6 期。

〔63〕中共中央马克思恩格斯列宁斯大林著作编译局编译：《马克思恩格斯文集》（第 1 卷），人民出版社 2009 年版，第 49 页。

就是从犹太教的“经商牟利和金钱中解放出来”。[64] 现代普遍的反社会要素在犹太教的“历史发展”中达到顶点,犹太人的世俗性以犹太精神的方式集中体现出来。

犹太精神是犹太人世俗意义上的精神,是现代人的精神,“指犹太人在经商牟利的活动中表现出的唯利是图、追逐金钱的思想和习气”。[65] “犹太精神不是违反历史,而是通过历史保持下来的。”[66] 犹太人的问题要在犹太人的历史中找寻答案。自私自利不只是犹太人的基础和表征,更是隐藏在整个社会背后的世俗精神。犹太民族在历史上一直经历着与异神教的抗争,包括在公元前7世纪撒玛利亚王国时期与巴力神信仰的抗争,在公元前3世纪塞琉古王朝的希腊化过程中与希腊神信仰的抗争,在罗马扩展中与基督教信仰的抗争,在阿拉伯地区与伊斯兰教信仰的抗争。犹太民族从未有入侵其他民族的意图,但犹太人的宗教独立性与极富生命力的民族性却给了其他宗教侵犯的理由,宗教上的狭隘本就是自私自利的体现。“犹太教”是一个与众不同的概念,它既是一种宗教,又包含了文化、历史和语言的意义。[67] 中世纪反犹暴行的深层原因在于犹太人坚持自己的信仰,然而,犹太人用以抵抗基督教会压力的勇气并非只源于宗教,还根源于他们极其珍视自己的良知自由和正当崇拜的人权,犹太民族承受压迫的历史也是人类争取自由而斗争的历史。

犹太人自私自利的本质在以基督教为主导的市民社会中达到了顶峰。认信基督是个体意志的表现,基督面前的众人都是独立的原子式的平等个体,“基督教把一切民族的、自然的、伦理的、理论的关系变成对人来说是外在的东西”,[68] 这为市民社会的发展创造了条件,市民社会被彻底地从政治国家中释放出来后,所

---

〔64〕 中共中央马克思恩格斯列宁斯大林著作编译局编译:《马克思恩格斯文集》(第1卷),人民出版社2009年版,第49页。

〔65〕 同上书,第50页。

〔66〕 同上书,第51页。

〔67〕 参见[美]大卫·鲁达夫斯基:《近现代犹太宗教运动——解放与调整的历史》,傅有德等译,山东大学出版社2014年版,第67页。

〔68〕 同上书,第54页。

有关于财产和经济活动的政治限制都被废除,个体彻底地独立于国家而存在。[69] 毫无疑问,鲍威尔笔下基督教的“排他性”不单可以看作对其他宗教的排他,也可看作人对其他对象的排斥,基督教的教宗符合市民社会发展的要求,“市民社会只有在基督教世界才能完成”。[70]

从以上的论述可以看出,宗教偏见不过是犹太人问题的外衣,自私自利才是犹太人问题的实质,整个德国社会将自私自利的本质表面上转移给了犹太教徒。马克思通过犹太人问题所揭示的犹太人自私自利的本质,必然应当还原为整个市民社会的自私自利的本质,所以,马克思才会说:“犹太精神随着市民社会的完成而达到自己的顶点”,[71]“犹太人的解放,就其终极意义来说,就是人类从犹太精神中解放出来”。[72]

三、《论犹太人问题》文本解读:资产阶级人权的本质

马克思将犹太人的问题从宗教领域转向了政治和经济领域,他超越自由主义的一个重要发现是提出“经济的政治性质”问题,即资本主义体制下财产权对个人权利的压制。[73] 马克思抨击了资产阶级人权观念,将权利这一法哲学中的重要内容同人类解放联系起来。通过对资产阶级人权概念的分析,马克思发现了人异化的根源,进而提出扬弃异化以实现人自身的回归。

(一)对资产阶级人权的批判

在鲍威尔看来,人权不具有天然的合法性和历史的必然性,“只有争得和应该得到这种权利的人,才能享有”。[74] 尽管鲍威尔冠以“普遍人权”的称呼,但其笔

〔69〕 参见[以]阿维纳瑞:《马克思的社会与政治思想》,张东辉译,知识产权出版社 2016 年版,第 22 页。

〔70〕 中共中央马克思恩格斯列宁斯大林著作编译局编译:《马克思恩格斯文集》(第 1 卷),人民出版社 2009 年版,第 54 页。

〔71〕 同上。

〔72〕 同上书,第 50 页。

〔73〕 参见张盾:《马克思的政治理论及其路径》,载《中国社会科学》2006 年第 5 期。

〔74〕 中共中央马克思恩格斯列宁斯大林著作编译局编译:《马克思恩格斯文集》(第 1 卷),人民出版社 2009 年版,第 38 页。

下的“人权”不过是披着人权外衣的“公民权”。与此相反,马克思认为应到人权的发现者中去研究人权的真实形态。在北美和法国人眼中,当且仅当其为市民社会的成员才称之为“人”。而市民社会所代表的是个体的私人利益。这就表明,市民社会中的人权是私人利益的代表,马克思也是在这个意义上揭示市民社会的人权本质。

在论述人权的过程中,马克思摘引了法国 1791 年《宪法》序言《人权和公民权宣言》的第 2 条、第 4 条、第 10 条,法国 1793 年《宪法》序言《人权和公民权宣言》第 1 条、第 2 条、第 6 条、第 7 条、第 8 条、第 16 条,法国 1795 年《宪法》序言《人和公民的权利和义务宣言》第 3 条,以及北美的《宾夕法尼亚宪法》第 9 条第 3 款,《新罕不什宪法》第 5 条、第 6 条,这些条款的内容涵盖宗教信仰的自由、公开表示自己思想和见解的权利、集会权利、履行礼拜的权利、平等的权利、自由的权利、安全的权利和财产权。其中,马克思以“最激进的宪法”——法国 1793 年《宪法》序言《人权和公民权宣言》第 2 条为主要条款,参考法国 1791 年《人权和公民权宣言》和《1795 年宪法》,就“平等、自由、安全、财产”这四种类型的人权作详细论述。

关于自由的人权。按照法国 1791 年《宪法》和法国 1793 年《宪法》的规定,市民社会的自由就是“可以做和可以从事任何不损害他人的事情的权利”。[75] 鲍威尔之所以认为犹太人无法获得普遍人权,是因为犹太人的狭隘性与建立在人与人相互关系基础上的人权互相排斥。马克思就此作出批判,他认为鲍威尔的理论前提是错误的,具备狭隘性特征的并非是犹太人而是自由本身,因为自由的基础不是“人与人的结合”而是“人与人的分离”。马克思将自由这一人权的实际运用归结为私有财产这一人权。

关于财产的人权。马克思摘引了法国 1793 年《宪法》第 16 条,说明私有财产“这一人权是任意地、同他人无关地、不受社会影响地享用和处理自己的财产的权

---

〔75〕 中共中央马克思恩格斯列宁斯大林著作编译局编译:《马克思恩格斯文集》(第 1 卷),人民出版社 2009 年版,第 40 页。

利”，[76]进而指出自由与财产是市民社会的基础，也是资本主义国家的世俗本质。只有资产者才能真正地享用私有财产，关于这一点，我们可以在法国1791年《宪法》中考察。法国《人权和公民权宣言》将自由、平等视为天赋人权，但在实践中，1791年《宪法》却没有赋予每个人以平等的公民权利，表现在：第一，将奴隶排除在公民之外；第二，只有积极公民才能参加初级议会；第三，界定积极公民和选举人的主要标准是财产。[77] 很明显，这是一部资产阶级人权的宪法，而不是具有普遍性质的宪法，资产阶级通过财产权实现了对整个国家的控制。所以，马克思才说：“在德国，问题却是国民经济学，或私有财产对国民的统治。”[78]

关于平等的人权和安全的人权。马克思指出：平等这项人权“无非是上述自由的平等，就是说，每个人都同样被看成那种独立自在的单子”。[79] 市民社会是人对人的战争，人与人之间只有利益的争夺，而没有德行的联系，在教会国家中人的这种自私自利的本质被放到最大。基于自利本质而设立平等人权等于宣布每个人都对他人拥有“无限的开火权”。在这个基础上理解安全这项人权更清晰，“安全是他的利己主义的保障”，[80]实质上，安全就是对私有财产的保护。唯有安全的权利，才能建构起个人和社会联系的纽带，社会的最终目标不是公共的善，而是警察的规范，是维护着资产阶级的利己主义。[81]

资产阶级人权是打开市民社会的钥匙。自由主义主导下的资产阶级人权面临着三个方面的缺失：一是主客体分离与颠倒。以私有制为中心的财产才是人权的核心，财产具有外在于人的客体性，这意味着资产阶级人权将人从主体位置降为客体，人的价值不再体现为人本身，而是表现为财产的多少。二是内容上的利己主义倾向。商品经济的发展推动了自由主义的分支——功利主义的形成。古

---

〔76〕 中共中央马克思恩格斯列宁斯大林著作编译局编译：《马克思恩格斯文集》（第1卷），人民出版社2009年版，第41页。

〔77〕 参见《1791年宪法》，载《法兰西宪法典全译》，周威译，法律出版社2016年版，第16页。

〔78〕 中共中央马克思恩格斯列宁斯大林著作编译局编译：《马克思恩格斯文集》（第1卷），人民出版社2009年版，第8页。

〔79〕 同上书，第41页。

〔80〕 同上书，第42页。

〔81〕 参见［美］科斯塔斯·杜兹纳：《人权的终结》，郭春发译，江苏人民出版社2002年版，第171页。

典自由主义下权利观的核心是自由的享受,但资产阶级却将这种自由占为己有,他们将社会的整体福利转化个人私利,明确的等级制度使每个公民服从于资本家的具体利益。[82] 三是主体之间的相互排斥与敌对。财产的私有将其他人排除在己外,权利的享有排除了他人的干预。这种人权不断满足于人的个体私欲,人要么从内部被自身的认识错乱所击垮,要么从外部遭受被奴役的其他人的反抗。无论如何,这种虚假的人权注定要被历史所淘汰。

通过对市民社会人权本质的分析,马克思解释了政治解放无法成为人的最终解放形式的原因。政治解放的限度在于,宗教从国家的移除是意欲建立一个人与人紧密联系的共同体,但实际建立起来的国家"竟郑重宣布同他人以及同共同体分隔开来的利己的人是有权利的"。[83] 与此同时,国家还将这种利己的权利视为人的本质,政治共同体成为了私利人权的手段。[84] "政治解放同时也是同人民相异化的国家制度即统治者的旧社会的解体",[85]旧社会解体后,市民社会独立出来不再兼具政治的属性。"摆脱政治桎梏同时也就是摆脱束缚住市民社会利己精神的枷锁。"[86]市民社会解放后,君主、领主等少数几个人的特权以更大的范围向外延伸,获得特权的是整个资产阶级。政治解放不仅没有完成对作为世俗要素的私有财产的批判,还将这些具有私有领域性质的要素当作毋庸置疑的前提,市民社会的人成为了真正的、本来的人,而真正的人则只能以抽象的公民形象才能展现。为此,批判这些最主要的世俗要素就成为了马克思的首要工作,其核心就是私有财产。

马克思将市民社会人权的现有形态归结为利己主义的结果。科斯塔斯·杜兹纳指出:马克思并不认为法国大革命完成了它的使命,所以应重新发动一场意在解放整个人类社会的革命,而人权就是革命的主要意识形态,它促进了资本主

---

〔82〕 参见[美]科斯塔斯·杜兹纳:《人权的终结》,郭春发译,江苏人民出版社2002年版,第172页。

〔83〕 中共中央马克思恩格斯列宁斯大林著作编译局编译:《马克思恩格斯文集》(第1卷),人民出版社2009年版,第42页。

〔84〕 同上书,第43页。

〔85〕 同上书,第44页。

〔86〕 同上书,第45页。

义私人利益的产生,因此,“马克思的人权批判具有全面性和彻底性”。[87]

(二)对古典自由主义权利理论的批判

古典自由主义极大地解放了绑在人身上的枷锁,带领人们走出了黑暗世纪。然而,随着工商业发展,有产者和无产者的区分愈加明显,资产阶级的地位和影响变得愈加稳固。自由主义通过扩大政治权力着力于己身利益,法的精神从德性转变为利益,法对自由的捍卫也进一步分化为对普遍利益和私人利益的保护,自由主义的革命性已经消失了。马克思敏锐地觉察到自由主义的利己倾向,所以他一方面批判政教合一的落后国情,为言论自由、出版自由、财产流转自由等资本主义的人权口号而摇旗呐喊;另一方面又批判市民社会人权的狭隘性,将市民社会的人权视为有限的、不彻底的自由。在自由主义消除了市民社会的政治属性后,经济与政治分裂、私人领域与公共领域重新划分。

自文艺复兴以来,以财产权为基础的自由主义法权理论成为资产阶级的统治依据。霍布斯创造了“利维坦”,将人视为“欲望的动物”。他接受了伊壁鸠鲁主义对快乐的追求,并将其视为一种与古典完全不同的“善”的观念,他并不认为这种欲望的满足会阻碍国家的正常运行;相反,没有超越人的欲望上的政治利益存在,普遍的利益便是个人利益的实现。霍布斯相信个人利益与普遍利益之间并不存在必然的矛盾,人的欲求的多样性也不会存在冲突。[88] 他“将政治理想主义的精神贯注入享乐主义传统之中”。[89] 霍布斯将市民社会的自私自利以一种合法化的形式暴露了出来。

在此基础上,洛克将财产权的保护提高到立法的层面。在他看来,自然状态是一种完备无缺的自由、平等的状态,它具有人身的非从属性和财产的独立性,但自由仍受到理性即自然法的约束,任何人不得侵犯他人的生命、健康、自由和财

〔87〕 [美]科斯塔斯·杜兹纳:《人权的终结》,郭春发译,江苏人民出版社2002年版,第170页。

〔88〕 参见[加]沙迪亚·B.德鲁里:《列奥·施特劳斯的政治观念》,张新刚、张源译,新星出版社2010年版,第242页。

〔89〕 [美]列奥·斯特劳斯:《自然权利与历史》,彭刚译,生活·读书·新知三联书店2003年版,第172页。

产。[90] 为了使社会福利得以实现,人类通过契约形成政府。政府设立后,首当保障的便是财产。洛克在《政府论》第五章中就个人财产的合法性进行论证,他认为财产是上帝赐予的公共资源,人的劳动能增加土地的价值且使土地资源丰富,这就为将公共的财产转化为私人的财产奠定基础,货币的存在与流转也实现了财产的累计。为了进行财产保全,洛克还通过立法的形式进行法律规制,并认为立法权设立的其中一个原则就是不能侵犯他人财产。[91] 总而言之,洛克将财产权的保护作为政治社会和政府设立的最直接目的,以保障每个人的财产作为刑法的制定与实施的任务。

霍布斯和洛克在市民社会中看到了自由,卢梭则觉察到社会的不平等并开启了对自由主义法哲学的批判。人的地位不平等是所有不平等的根源,而各种不平等都可以归结到财富的不平等上。[92] 不同于霍布斯笔下人的恶的存在,卢梭笔下的人是天生善的动物,人的腐朽变化是社会制度所致。为了实现人的真正自由,卢梭提出通过订立社会契约而建立一个有道德的共同体,"创建一种能以全部共同的力量来维护和保障每个结合者的人身和财产的结合形式,使每一个在这种结合形式下与全体相联合的人所服从的只不过是他本人,而且同以往一样的自由"。[93] 卢梭所说的有道德的共同体是相对于霍布斯的人造的共同体而言的。霍布斯笔下的共同体是人造的、无灵魂的、去道德的,即使上帝也不是永恒的。有道德的共同体中"道德",不再是个人的功利的道德,而是道德上升后的道德,共同体的"我"是道德上升后的"我",是将个人的道德融入公益中的"我",共同体的目的在于实现共同利益。正如《社会契约论》第1卷开篇所言:卢梭将尽可能地把权利所许可的和利益所要求的结合起来,以使正义与功利不至于互相分离。[94]

洛克之后,休谟将财产权的经验主义论证得更彻底,他认为:自然权利的观念

---

〔90〕 参见[英]约翰·洛克:《政府论》(下),叶启芳、瞿菊农译,商务印书馆1996年版,第6页。

〔91〕 同上书,第86页。

〔92〕 参见[法]让-雅克·卢梭:《论人与人之间不平等的起因和基础》,李平沤译,商务印书馆2015年版,第118页。

〔93〕 [法]让-雅克·卢梭:《社会契约论》,李平沤译,商务印书馆2014年版,第19页。

〔94〕 同上书,第3页。

都是没有事实依据的纯粹思辨的结果,社会应当是在人类的自私本性和有限的外部条件限制下产生的。他反对霍布斯和洛克契约理论中将理性作为政治基础的观点,认为理性无法解决善恶的问题,善恶的问题要到人性中寻找。人都是爱自己超过爱他人的,这种人性的展现造成了人与人的对立。休谟将财产权关系视为"最密切并且在其他一切关系中最通常产生骄傲情感的关系"。[95] 人想象的情感无法与现实的对象相符合,所以人经常会打破秩序去追逐可能更小的利益。为了克服人性的这个弱点,政府才得以产生。社会的目的是保证人的生存,而人的生存则是对以财产为核心的利益追逐,这是一个无关善恶的问题,因此,要"由社会全体成员共同缔结一个协议,从而保证那些外物的稳定占有,这样每个人就可以放心享受凭自己勤劳与幸运所获得的全部财物"。[96]

与休谟不同,黑格尔认为财产是"绝对精神"客体化、对象化的体现,是人的自由意志的实现形式。在《法哲学原理》中,黑格尔以"抽象法"为章节对以所有权为核心的财产权展开了论述。在黑格尔看来,"人为了作为理念而存在,必须给它的自由以外部的领域",这个领域是"与意志直接不同而可以与它分离的东西"。财产所有权的合理性并不在于需要的满足,而在于它因扬弃人格而具备的纯粹的主观性,人的理性只在财产面前才具备意义。[97] 人作为主体,有权将自己的意志体现在任何外在于自身的事物。使人的意志客体化,使物成为我的东西,"财产是自由最初的定在,它本身是本质的目的"。[98] 黑格尔是从自由意志实现的角度论述私有财产的。

通过对黑格尔《法哲学原理》的批评,马克思得出这样一个结论:法的关系源于市民社会,而对市民社会的解剖应该到政治经济学中寻找。[99] 消除犹太本质的任务在于"消除现代生活实践中的非人性的任务,这种非人性的最高表现就是

[95] [英]休谟:《人性论》(下),关文运译,商务印书馆 1997 年版,第 345 页。
[96] 同上书,第 393 页。
[97] 参见[德]黑格尔:《法哲学原理》,范扬、张企泰译,商务印书馆 1961 年版,第 59 页。
[98] [英]休谟:《人性论》(下),关文运译,商务印书馆 1997 年版,第 64 页。
[99] 参见中共中央马克思恩格斯列宁斯大林著作编译局编译:《马克思恩格斯全集》(第 31 卷),人民出版社 1995 年版,第 412 页。

货币制度”。[100] 马克思敏锐地发现市民社会人权背后的世俗本质，并沿着这条道路转向了与货币制度相关的政治经济学研究。马克思在《神圣家族，或对批判的批判所做的批判》再次谈到《论犹太人问题》的时候已放弃了费尔巴哈的“类”本质的抽象概念，反而以更具体的“工商业的实践”来表述犹太教的世俗基础，由此可以推测：人的解放是马克思理想世界的美好愿景，但对马克思人权理论的破题还是要从市民社会的私有制入手。

应当说，洛克的独占论、休谟的经验论和黑格尔的自由意志论都为私有财产的合法性提供理论的支撑，这也构成了古典自由主义法权理论的基础。古典自由主义一直在个体的自由与共和国的德性之间徘徊，哲人们试图让二者达成和解，最后却在私有财产的引导下走向虚无。资产阶级革命不仅没有赋予所有人以自由，反而以人权的形式将市民社会自私自利的本质彻底释放出来，人成为私有财产的奴隶。尽管如此，马克思对自由主义权利理论的批判也不应被认定为对所有权利理论的批判，市民社会中的人权观念也是他人类解放理论的一部分。[101]

马克思认为：要在历史中、实践中理解“人”。真正的人不只要学会在现实中“运用自己理智的决心和勇气”，同时也要在意识上具备“献身精神”，将被分离出去的抽象的公民回归至现实的个人中，“并且作为个人，在自己的经验生活、自己的个体劳动、自己的个体关系中间，成为类存在物”。[102] 马克思将“政治力量”视为一种“社会力量”，肯定了“社会力量”是人自身固有的能力，他认为应将这种力量“组织起来”，而不是以政治的形式“同自身分离”。可以说，《论犹太人问题》隐藏着马克思的共产主义愿景。

（三）对异化的批判

在《论犹太人问题》中，马克思批判了资产阶级人权制度，将人从金钱中解放

---

〔100〕 中共中央马克思恩格斯列宁斯大林著作编译局编译：《马克思恩格斯文集》（第1卷），人民出版社2009年版，第308页。

〔101〕 参见［美］麦卡锡：《马克思与古人》，王文扬译，华东师范大学出版社2011年版，第224页。

〔102〕 中共中央马克思恩格斯列宁斯大林著作编译局编译：《马克思恩格斯文集》（第1卷），人民出版社2009年版，第46页。

出来视为“现代的自我解放”。在《1844年经济学哲学手稿》中，他进一步对异化现象进行系统性的阐述，将劳动异化、产品异化、主体异化和社会关系异化视为异化的四种表征，这种涵盖自然、政治和社会领域的全方位的异化状态使人“完全丧失”。[103] 异化现象根植于国民经济学，而国民经济学则是古典自由主义经济话语的表达。为此，马克思要通过批判国民经济学以批判古典自由主义，并提出扬弃异化以恢复人的自身。

首先，机器大生产使“人化自然”的劳动及其产品异化，具备自然属性的劳动者丧失自由意志。“资本、地租和劳动的分离对工人来说是致命的”，[104] 劳动尽管创造财富，却不能使劳动者成为财富的拥有者。分工使工人陷入贫苦，他们越来越依附于资本家，工人间的激烈竞争“使工人卷入生产过剩的追猎活动”。[105] 不仅如此，在国民经济学下，工人已沦为机器，甚至展开了与机器的竞争，落后一方即被淘汰。机器的运动遵循着系统的规律，而工人已成为机械系统的一部分，并遵从这种规律而忽视了自身的能动性。[106] 无论社会财富处于衰落状态还是富足状态，工人都是最先遭受苦难的群体，即使是资本家也会因为资本的积累落后而沦为新一批的工人。在资本的追逐竞赛过程中，“劳动产品越来越为异己的东西与工人相对立”，[107] 工人无法购买自己的劳动产品，还要出卖自己的人生。劳动产品作为一种不依赖于生产者的力量与劳动者异化，和劳动相对立。工人不劳动则面临着饥饿和死亡的威胁，工人付出得越多，异化的深度就越深。不只劳动产品，甚至劳动本身也成为与劳动者相对立的外在于劳动者的异化力量，“他只有作为工人才能维持自己作为肉体的主体，并且只有作为肉体的主体才能是工人”。[108] 工人无法享受劳动带来的身体上和精神上的愉悦，只有在机械性地运用

---

〔103〕 参见周尚君：《〈巴黎手稿〉的法哲学问题——历史、文本与理论》，西南政法大学法学理论专业2009年博士学位论文，第107页。

〔104〕 中共中央马克思恩格斯列宁斯大林著作编译局编译：《马克思恩格斯文集》（第1卷），人民出版社2009年版，第115页。

〔105〕 同上书，第123页。

〔106〕 参见[匈]卢卡奇：《历史与阶级意识》，杜章志等译，商务印书馆1999年版，第143页。

〔107〕 中共中央马克思恩格斯列宁斯大林著作编译局编译：《马克思恩格斯文集》（第1卷），人民出版社2009年版，第122页。

〔108〕 同上书，第158页。

自己的动物机能时,工人才能感受到自由,而运用人的机能时反而退化为动物。

马克思受到了费希特异化理论的启发。费希特的自由概念带有明显的理性主义色彩,"实践理性是一切理性的根基"。[109] 哲学的最高原理是本原行动,即产生意识事实的力量。在本原行动的指导下,他建立了三条原则作为全部知识学的基础,包括"自我设定自我""自我设定非我""自我和非我的对立"。自我与非我的区分实际就是异化的一种阐述。人的最终目的就是自由地按照自己固有的规律去驾驭一切非理性的东西。[110] 他把人类历史理解为合乎理性的过程,而这一过程就是人类自由的展开。他将人类社会历史分为"理性本能—理性权威—理性解放—理性知识—理性技艺"五个阶段,他认为自己的时代处于"理性解放"阶段,是一个"启蒙与解蔽"时代,"只剩下纯粹的、赤裸裸的利己主义"。[111] 人类的解放只有在"至善完成的理性技艺"阶段才能实现,届时,国家的任务在于"把一切个体的理想引向族类的生活,在这种生活中将它们融合起来"。[112] 卢卡奇认为:费希特的行动哲学实际上是康德主体研究的延续,"这个主题被设想为全部内容的创造者",[113] 行动取代事实成为哲学起点。受费希特的启发,马克思将异化理论从精神的层面上升到经济、社会乃至人性根本的层面,并展开了对资本主义本质的批判。

其次,劳动及其产品的异化使人的类本质异化。私有制将人与人之间的对立合法化,人取代自然和神成为奴役自身的异化力量。货币的支配能力将自身的媒介功能异化,人降格为被货币奴役的客体,具备政治属性的经济人丧失主体地位。人证明自身是类存在物的依据是人能够改造对象世界,而"异化劳动从人那里夺去了他的生存的对象,也就从人那里夺去了他的类生活"。[114] 类生活从人的目的变成维持个人生活的手段,这是人的主体异化的最明显特征。在类生活中,货币

---

[109] [德]费希特:《论学者的使命·人的使命》,梁志学、沈真译,商务印书馆1984年版,第162页。

[110] 参见舒远招:《德国古典哲学及在后世的影响和传播》,湖南师范大学出版社2005年版,第118页。

[111] [德]费希特著;梁志学主编:《费希特著作选集》(第4卷),商务印书馆2000年版,第494页。

[112] 同上书,第572页。

[113] [匈]卢卡奇:《历史与阶级意识》,杜章志等译,商务印书馆1999年版,第193页。

[114] 中共中央马克思恩格斯列宁斯大林著作编译局编译:《马克思恩格斯文集》(第1卷),人民出版社2009年版,第163页。

只是易物的工具,但在市民社会中,货币已成为衡量一切的标准,工人和资本家作为人的独特性已然消失。一方面,资本无法体现工人的个性。个体只有通过劳动才能体现出全部自然的、精神的和社会的差别,而资本对现实的人置之不问。[115]只有在劳动中,人的自由才得以全部地展现,而在资本主导的社会中,工人只是由同一个模子印刻出来的无差别的死物。另一方面,资本无法体现资本家的特质。资本是一种支配劳动及其产品的权力,但"资本家拥有这种权力并不是由于他的个人的特性或人的特性"。[116] 资本家利用资本支配劳动,而资本又支配着资本家,正如马克思在《1844 年经济学哲学手稿》中引用的李嘉图的话:"各国只是生产的工场;人是消费和生存的机器;人的生命就是资本;经济规律盲目地支配着世界。"[117]货币的普遍性成为了人的普遍性,货币的特质成了人的特质,人的主体地位消失了。

黑格尔以"实体即主体"的命题开启了自己的否定的辩证法思想:"一切问题的关键在于:不仅把真实的东西或真理理解和表述为实体,而且同样理解与表述为主体。"[118]这里的"实体"是对基督教爱的理念的具体呈现,指代绝对的上帝。"主体"指的是绝对者自身的绝对活动,是一种经过上帝反思的差异与区别的否定活动,如"异化"。黑格尔将主体和客体的扬弃与同一建立在"绝对精神"的发展过程中,颠覆了主体和客体相互分离的传统,自此以后,以自我意识与抽象自我为中心的主体概念消解了。在费尔巴哈看来:尽管黑格尔调和了主体和客体的矛盾,但黑格尔克服这个二元对立的起点却是错误的,他将自然拟设为精神的对象化时,自然成了精神的一个单纯谓词而不是表现为一个主词,黑格尔的"绝对精神"是本质与实存的决裂。[119] 与黑格尔不同,费尔巴哈认为:思维与存在的矛盾立足于唯物主义才是解决问题的关键。[120] 他将宗教的本质归结为人的本质,而

---

[115] 中共中央马克思恩格斯列宁斯大林著作编译局编译:《马克思恩格斯文集》(第 1 卷),人民出版社 2009 年版,第 119 页。

[116] 同上书,第 130 页。

[117] 同上书,第 139 页。

[118] [德]黑格尔:《精神现象学》,贺麟、王玖兴译,商务印书馆 1979 年版,第 10 页。

[119] 参见[以]阿维纳瑞:《马克思的社会与政治思想》,张东辉译,知识产权出版社 2016 年版,第 12 页。

[120] 参见杨祖陶:《德国古典哲学逻辑进程》,武汉大学出版社 2003 年版,第 322 页。

人与动物的区别则在于人是具有“类意识”的“类存在”,“宗教根源于人跟动物的本质区别:动物没有宗教”。[121] 人的“类本质”及其目的在于理性、意志和心三者的统一,而这三种能力都是人所不能违抗的神的绝对权力。然而,费尔巴哈对人的理解没有突破宗教的领域,与黑格尔不同的是,费尔巴哈的“爱”是不同于基督的能创造奇迹的新的神,是历史发展的动力。[122] 黑格尔的“绝对精神”对马克思人权理论造成了重大的影响:一方面,“自我意识”对外物的否定让马克思看到了人的“异化”背后的逻辑;另一方面,建立在自由基础上的“绝对精神”实际上是黑格尔纯思域领域内的解放,这也给马克思通过扬弃异化来恢复感性领域的人的自由与尊严以启发。

“哲学家们只是用不同的方式解释世界,问题在于改变世界”,[123] 德国古典哲学家们始终无法在主体与客体之间找到一个最佳契合点,真正彻底地解决了这个矛盾的是从德国古典哲学中逻辑地产生出来的马克思的“实践的唯物主义”。[124] 在马克思看来,过于抽象的“绝对精神”不足以实现人类的自我解放。二元对立虽然在黑格尔的哲学上得到消除,但仍潜藏在的黑格尔社会与政治制度理论的内在矛盾中。在阿维纳瑞看来:“马克思面对黑格尔哲学时,社会制度领域就成了关键。”[125] 通过劳动、资本及二者之间关系的探讨,马克思将触角延伸到私有制上。私有财产是劳动外化的产物,也是其借以外化的手段。[126] 决定资本家与工人之间敌对的工资与私有财产是同一的,异化劳动是私有财产的直接原因,而工资是异化劳动的直接结果。私有财产的关系也是劳动、资本以及二者的关系,劳动和资本经历着统一、对立以及与各自相对立的运动过程,工人和资本家都是资本的牺牲品。

---

[121] [德]费尔巴哈:《基督教的本质》,荣震华译,商务印书馆1984年版,第29页。

[122] 参见叶汝贤:《唯物史观发展史》,吉林人民出版社1985年版,第23页。

[123] 中共中央马克思恩格斯列宁斯大林著作编译局编译:《马克思恩格斯选集》(第1卷),人民出版社2012年版,第136页。

[124] 杨祖陶:《德国古典哲学逻辑进程》,武汉大学出版社2003年版,第373页。

[125] [以]阿维纳瑞:《马克思的社会与政治思想》,张东辉译,知识产权出版社2016年版,第9页。

[126] 参见中共中央马克思恩格斯列宁斯大林著作编译局编译:《马克思恩格斯文集》(第1卷),人民出版社2009年版,第166页。

最后,人与其类本质相异化的直接结果就是人与每一个其他的个体相异化。每个人都会按照自己的尺度去关照他人。人与自身的异化导致人与他人也时刻处于对立的关系中,社会状态俨然已成为霍布斯笔下的“自然状态”。至此,人从资本的创造者变成了资本的附庸,资本在经济社会意义上成为生产者。在马尔库塞看来:发达工业社会是使人“舒服”的不自由社会,人不再对生活抱有希望。[127]人的自由完全丧失。

四、马克思对“人”的理解

“先是马基雅弗利、康帕内拉,后是霍布斯、斯宾诺莎、许霍·格老秀斯,直至卢梭、费希特、黑格尔则已经开始用人的眼光来观察国家了,他们从理性和经验出发,而不是从神学出发来阐明国家的自然规律。”[128]马基雅维利和霍布斯打破了上帝的神圣形象,而自卢梭起,世俗的权威由君主回归个人。人能认识到“人是最高本质”是因为人拥有理性,而人的理性又以自由的形式展示出来,因此,追求自由的可能性成为把握人的本质的必要一环,这也是德国古典哲学突破社会形态的局限性为“人的解放”所做的巨大贡献。[129] 德国古典哲学将“理性”视为人得以自由的核心要素,马克思则将人的自由建立在“劳动”的基础上,将人视为拥有自由意志的自然人、拥有主体地位的政治人和在群体关系中紧密联系的社会人。

(一)自由意志下的自然人

人的独特性在于人是自由意志的拥有者。马克思试图从自然的角度阐明人的自由意志,他认为:自由问题的解决应考虑人同环境的相互作用,理论精神应自

---

[127] 参见[美]马尔库塞:《单向度的人》,刘继译,上海译文出版社1989年版,第4页。

[128] 中共中央马克思恩格斯列宁斯大林著作编译局编译:《马克思恩格斯全集》(第1卷),人民出版社1995年版,第227页。

[129] 德国古典哲学在这里指的是从康德开始,经过费希特、谢林,一直到黑格尔为止的德国古典哲学家的哲学,费尔巴哈的哲学不包括在其中。参见俞吾金:《论马克思对德国古典哲学遗产的解读》,载《中国社会科学》2006年第2期。

由地转变成实践精神而面向尘世的现实。[130] 在《德谟克利特的自然哲学和伊壁鸠鲁的自然哲学的差别》中,马克思批判了德谟克利特原子式的机械式运动,支持了伊壁鸠鲁的原子脱离直线作偏离运动体现了原子自由意志的观点。马克思对伊壁鸠鲁的研究源于青年黑格尔派的自我意识哲学,批判德谟克利特就等于批判了以自我意识为核心的人的自由的对立面。自我意识是马克思的哲学立场之一。[131]

马克思对自由意志的理解还受到了康德的影响。"康德以前的哲学都流向康德,而康德以后的哲学又是从康德这里流出的。"[132] 康德哲学是"法国革命的德国理论"。[133] 康德继承了卢梭的学说,将人的尊严和自由提高到至高无上的地位。使一切人恢复其为人的共同权利是康德哲学的追求,[134] 对"人是什么"的追问也成为康德三大批判的核心。为了打破隐藏在形而上学背后的"自由—自然"的困境,康德决定"对形而上学进行一场完全的革命"。[135] 他认为自然律与自由因的二律背反问题混淆了现象和物自体的概念,在现象领域中,只有自然律没有自由因;在物自体领域中,有自然律也有自由因。康德认为:赋予意志以原因性规则的概念是道德上实践的自由概念,[136] 道德法则直接地决定了意志,这个问题的解决使纯粹理性从思辨转向实践成为可能,自由虽无法被认识,却可以被实践。[137]《纯粹理性批判》通过论证人的知性为自然立法,回答了"我能知道什么"的问题;《实践理性批判》通过论证人的理性为自由立法,回答了"我应当做什么"的问题。然而,现象和物自体的划分却造成了自然与自由的隔绝,感官的自然领域和超感

---

〔130〕 参见中共中央马克思恩格斯列宁斯大林著作编译局编译:《马克思恩格斯全集》(第1卷),人民出版社1995年版,第75页。

〔131〕 参见[日]城冢登:《青年马克思的思想——社会主义思想的创立》,肖晶晶等译,求实出版社1988年版,第33页。

〔132〕 [日]安倍能成:《康德的实践哲学》,于凤梧、王宏文译,福建人民出版社1984年版,第3页。

〔133〕 中共中央马克思恩格斯列宁斯大林著作编译局编译:《马克思恩格斯全集》(第1卷),人民出版社1995年版,第233页。

〔134〕 参见[英]康蒲·斯密:《康德〈纯粹理性批判〉解义》,韦卓民译,华中师范大学出版社2000年版,第39页。

〔135〕 [德]康德:《纯粹理性批判》,李秋零译,中国人民大学出版社2015年版,第17页。

〔136〕 参见[德]康德:《判断力批判》,邓晓芒译,人民出版社2004年版,第6页。

〔137〕 参见俞吾金等:《德国古典哲学》,人民出版社2009年版,第89页。

官的自由领域之间存在难以逾越的鸿沟。[138] 为了搭建自然向自由顺利过渡的桥梁,康德提出:人除了拥有认知的能力和欲求的能力外,还有感受快乐或不快乐的能力,而对这种能力的讨论就是《判断力批判》所要解决的问题,“在某种类比(好像)的意义上沟通了自由概念和自然概念”。[139] 合目的性成为统一认知能力和欲求能力的先天原则,人成为“目的论系统的自然的最后目的”,[140] 只有在人这个唯一体现了自律因和自由因的存在者身上“才能找到目的上无条件的立法,因而只有这种立法才使人有能力成为终极目的,全部自然都是在目的论上属于这个终极目的”。[141] 通过对人心灵的三种能力的详细阐述,康德向我们证明了在遵循自然规律的世界中自由得以实现的可能性,而这一切,都是在将人作为具有自我意识的主体的大前提下进行的。

正是因为自由意志是区别人与动物的核心要素,所以社会的建制才不能与人的自由意志相违背。在《论离婚法草案》中,马克思指出:“立法不是把婚姻看作一种伦理的制度,而是看作一种宗教的和教会的制度,因此,婚姻的世俗本质被忽略了。”[142] 马克思试图将基督教国家中的法律与宗教相分离,让婚姻回归人与人之间的伦理,让法律摆脱宗教回归世俗。在马克思看来,立法者不是创造或发明法律而应当表述法律。对伦理的确认不是法律的本质,“只有当法律是人们意志的自觉表现,因而是同人民的意志一起产生并由人民的意志所创立的时候,才会有确定的把握”。[143] 对离婚法草案的评论实际上是马克思对卢梭公意理论的肯定,也是马克思对黑格尔造成的将法律的自在理性和人民的意志自由对立起来的局面的否定。[144]

“自然人化”是人的自由意志的集中体现,当人学会生产生活资料的时候,就

---

〔138〕 参见[德]康德:《判断力批判》,邓晓芒译,人民出版社 2004 年版,第 10 页。

〔139〕 邓晓芒:《冥河的摆渡者——康德的〈判断力批判〉》,云南人民出版社 1997 年版,第 50 页。

〔140〕 同上书,第 294 页。

〔141〕 同上。

〔142〕 中共中央马克思恩格斯列宁斯大林著作编译局编译:《马克思恩格斯全集》(第 1 卷),人民出版社 1995 年版,第 346 页。

〔143〕 同上书,第 349 页。

〔144〕 参见陈学明:《马克思早期法哲学观及法律思想初探》,载《中国社会科学》1983 年第 1 期。

已将其与动物区别开来了。[145] 劳动将人的主体意志以物的形式呈现,物成为外在的人的意志自由。人通过劳动实现了在自然的基础上的新的创造,“通过实践创造对象世界,改造无机界,人证明自己是有意识的类存在物”。[146] “类”是对动物“种”的全面超越和内在本质的统一,是对人是突破限界的超越性概念。[147] “劳动”取代“理性”成为区分人与动物的新的标准。

(二)主体地位上的政治人

卢卡奇对异化(物化)的理解源于康德的“自在之物”概念,异化的本质就是,“自在之物”体现为现象之物,自由的人体现为遵循因果必然性的人。康德试图用主体性化解异化的危机,因此,继承康德哲学的卢卡奇笔下的异化批判具有强烈的主体性立场。[148] 黑格尔用“绝对精神”论证精神的对象化,将自然化为与人相对的客体。费尔巴哈提倡身心合一,为理性的人添附感性的元素。在马克思看来,只有在世俗的市民社会中考察人类的具体实践,才能对人有更准确的理解。人通过有意识的劳动实现了对自然的创造和改善,这是人的主体地位的集中体现。

黑格尔颠覆了自亚里士多德以来的三段论的逻辑推理方式,将主体与客体视为可以相互转换的存在,认识论与存在论达成统一。他试图将他的哲学理念以一种回归古典传统的形式呈现出来。为此,他构画了一条“意识—自我意识—理性—精神—宗教—绝对精神”六个阶段的意识形成史,最终以一种柏拉图理念论式的形式回归到“自然与精神”中,试图在有限的领域内实现绝对精神。[149] 在马克思看来,斯宾诺莎的实体是同人分离的自然,费希特的自我意识是同自然分离

---

〔145〕 参见中共中央马克思恩格斯列宁斯大林著作编译局编译:《马克思恩格斯文集》(第1卷),人民出版社2009年版,第519页。

〔146〕 同上书,第162页。

〔147〕 参见高清海:《人就是“人”》,辽宁人民出版社2001年版,第261页。

〔148〕 参见刘森林:《源自“自在之物”的物化:卢卡奇物化论的逻辑》,载《广西大学学报》(哲学社会科学版)2016年第3期。

〔149〕 参见俞吾金等:《德国古典哲学》,人民出版社2009年版,第565页。

的精神，而黑格尔的绝对精神则是现实的人和现实的人类的统一。[150] 阿尔都塞认为："黑格尔绝对精神的发展过程可以看作是一个无主体过程。"[151] 卢卡奇则指出：如果主体被设想为全部内容的创造者，则主体与客体的两重性就消除了，主客体成为同一。[152] 在马克思看来："哲学把握了整个世界以后就起来反对现象世界。现在黑格尔哲学正是这样。"[153] 在费尔巴哈看来：唯心主义者将灵魂与身体割裂是错误的，人应当是灵魂与身体、思维与存在的统一体。"当你思想到性质之前，你先感觉到性质。感受是先于思维的。"[154] 作为对黑格尔思辨哲学的超越，费尔巴哈将人的感性置于更高的地位。然而，费尔巴哈的人本主义思想是建立在以感性为核心的自然的基础上的，"他没有把人的活动本身理解为对象性的活动"。[155] 撇开人类历史于不顾的费尔巴哈笔下的人，并不是现实的进行着创造和实践的人。

与鲍威尔、黑格尔和费尔巴哈的哲学思考不同，马克思将主体概念消解在历史场域下的人类实践中。以前的唯物主义没有将感性、对象和现实置于人的实践活动中考察，不是从主体方面去理解的。马克思以世俗的"市民社会"概念取代黑格尔的"主体"概念，他认为人的自由的获致应该到市民社会中找寻答案。人作为一种"类存在"应体现在"经验生活"中，体现在"个体劳动"中，体现在"个体关系"中。市民社会也只是考察人类实践的一个场域，最终，市民社会和政治国家一样，都是要被抛弃的对象。马克思对"人"的理解是建立在人的实践基础上的，人的主体性是以劳动的形式展现出来的。劳动是人对自身的完全掌控，是人不借由任何中介而对自身全部本质的占有。

---

〔150〕 参见中共中央马克思恩格斯列宁斯大林著作编译局编译：《马克思恩格斯文集》（第1卷），人民出版社2009年版，第341页。

〔151〕 参见［法］路易·阿尔都塞、艾蒂安·巴里巴尔：《读〈资本论〉》，李其庆、冯文光等译，中央编译出版社2008年版，第209页。

〔152〕 参见［匈］卢卡奇：《历史与阶级意识》，杜章志等译，商务印书馆1999年版，第193页。

〔153〕 中共中央马克思恩格斯列宁斯大林著作编译局编译：《马克思恩格斯全集》（第40卷），人民出版社1982年版，第136页。

〔154〕 ［德］费尔巴哈：《关于哲学改造的临时纲要》，洪潜译，生活·读书·新知三联书店1958年版，第8页。

〔155〕 中共中央马克思恩格斯列宁斯大林著作编译局编译：《马克思恩格斯文集》（第1卷），人民出版社2009年版，第499页。

(三)群体关系中的社会人

在对人的类本质(自然人)和发展本质(政治人)作出决定性的阐述后,就应触及人的社会性问题。[156] 人的精神和意识都具有社会性,其能动作用的实现要通过人的社会实践。[157] 古希腊哲人将这种群体关系中的人视为"政治的动物",将城邦的共同的善视为群体的追求。以霍布斯为代表的近代哲人将人视为"欲望的动物",将自我保全当作人的目的。马克思通过人类实践觉察到了人身上的社会属性,认为人是"社会的动物"并以自由地享有自身(包括劳动、劳动产品、劳动主体等)作为人实现自由的标志。

古希腊将群体关系中的人视为"政治的动物"。与自然中的观念一样,古希腊社会和古希腊哲学的根本性观念是"和谐与秩序",人类并不被看作具有"天赋权利"的,城邦居民的权利与个人在社会中所具有的功能和角色相联系。[158] 在《理想国》第4卷中,阿德曼斯托问道:"如果人有未感到物质上的幸福怎么办?"柏拉图笔下的苏格拉底如此回应:"我们的目的并非在于使某一社会阶层享受特殊的幸福,而在于使整个城邦享受最大的幸福。因为我们认识到,我们最有可能在这样的城邦中找到正义。"[159] 每个人固守其工作模式便是幸福,否则,城邦将无法运作。与柏拉图不同,亚里士多德认为:"城邦显然是自然的产物,人天生是一种政治的动物。"[160] 亚里士多德与柏拉图一样,认为人只有在希腊城邦的共同体中才能过上善的生活。无论亚里士多德的"人是政治的动物",还是柏拉图的"古典四德",他们的目的都是从自然出发构建共同体的善,造物主的创造无分善恶,这成为自然法成长的土壤,也是古希腊时期法哲学精神与自然合一的集中体现。

霍布斯用"欲望的动物"取代"政治的动物",塑造了人与人相互对立的自然状态。在他看来,理性是人区别于动物最明显的标志。他认为:人可以模仿上帝

---

〔156〕 参见张奎良:《马克思人的本质概念的演绎程序》,载《马克思主义研究》2014年第11期。

〔157〕 参见袁贵仁:《马克思的人学思想》,北京师范大学出版社1996年版,第76页。

〔158〕 参见[挪]G.希尔贝克、N.伊耶:《西方哲学史》,童世骏等译,上海译文出版社2004年版,第2页。

〔159〕 [古希腊]柏拉图:《理想国》,王扬译,华夏出版社2014年版,第129页。

〔160〕 [古希腊]亚里士多德:《亚里士多德选集》(政治学卷),颜一编,中国人民大学出版社1999年版,第6页。

的创始艺术，上帝的艺术创造可以是自然的生命，而人的艺术创造可以是人造的生命。为了更好地理解“人造人的本质”，霍布斯设定了一个“自然状态”的前提。在自然状态下，人人自由而平等，但竞争、猜忌以及荣誉引起人们之间的竞争，自然状态俨然成了真正的战争状态。为了实现自我保存，人们订立契约，通过让渡手中的权利给统治者或主权者而建立国家，进入社会状态。[161] 主权者作为上帝在尘世的代表，具有解释《圣经》的权利。诚如卡尔·施密特的理解：利维坦集“上帝、人、动物和机器于一身”。[162] 霍布斯创造“自然状态”就是为了抛弃自然状态，因为在这种状态下，人与人的关系实际如同狼与狼的关系，人类无法存活故只能抛弃自然状态进入社会状态。从法哲学角度看，霍布斯对“自然状态”的设定为现代自然权利的合法性和现代政治哲学打开了一扇窗户，霍布斯的思想也成了现代民主和自由主义的共同根源。

然而，在马克思看来，资产阶级的法律不具有兼顾所有人的普遍性，人权只为社会特定阶级服务。马克思想突破资产阶级限制实现人的真正解放，他就必须提出一套与自由主义人权截然不同的理论。为此，他在《论犹太人问题》中以“类存在”概括其对人的理解：为了实现人的本质的复归，除了认识到人是一种“类存在”之外，人还应当“认识到自身‘固有的力量’是社会力量，并把这种力量组织起来因而不再把社会力量以政治力量的形式同自身分离”。[163] 政治力量只是社会力量的一个分野，人的类本质的回归当是社会力量发挥作用的时候，只有在社会中，人的这种力量才能更彻底地展现出来。“只有在社会中，自然界对人来说才是人与人联系的纽带，才是他为别人的存在和别人为他的存在，只有在社会中，自然界才是人自己的人的存在的基础，才是人现实的生活要素。”[164] 马克思对社会人的理解颇有斯多亚学派的味道，在斯多亚学派眼中，有德性的生活才是幸福的唯

[161] 参见[英]霍布斯：《利维坦》，黎思复、黎廷弼译，商务印书馆1985年版，第94页。

[162] [德]施米特：《霍布斯国家学说中的利维坦》，应星、朱雁冰译，华东师范大学出版社2008年版，第68页。

[163] 中共中央马克思恩格斯列宁斯大林著作编译局编译：《马克思恩格斯文集》（第1卷），人民出版社2009年版，第46页。

[164] 同上书，第187页。

一条件。[165] 斯多亚学派在理论形成过程中塑造了一个重要的概念,即“同理心”(oikeinsis),它将“我”之外的其他个体纳入了“我”的范围内,国家的边界不再是人与人隔绝的障碍,“世界公民”的理念孕育其中。

马克思将社会关系视为自然与政治的基础。“社会的动物”出场,“劳动”代替“理性”成为人实现自由的关键要素。人通过自身的劳动实践开展自己的生命活动,人的身体与精神处于释放的状态。每个人以对待自身的尺度对待他人,人与人并非敌对与分立的关系,而是友好与合作的关系。

五、马克思的未来社会构想

马克思通过人权研究发现了隐藏在权利背后的世俗本质,并总结出了异化的四层理论:劳动异化、产品异化、主体异化和劳动关系异化,进而提出扬弃私有财产以恢复人的“类本质”。“‘异化劳动’概念是批判地理解‘人类解放’概念的钥匙,而共产主义则是与人的自我异化相对立的人的解放概念。”[166] 异化的扬弃必须要借力于共产主义运动。马克思最终要达到的目标,是要扫除人与人相互分立的障碍,将现实的个人和政治的公民合为一体,实现自由人的联合。

(一)共产主义社会

在《1844年经济学哲学手稿》中,马克思对共产主义理念作了整体性概括:“共产主义是对私有财产即人的自我异化的积极的扬弃,因而是通过人并且为了人而对人的本质的真正占有;因此,它是人向自身、也就是向社会的即合乎人性的人的复归,这种复归是完全的复归,是自觉实现的在以往发展的全部财产的范围内实现的复归。这种共产主义,作为完成了的自然主义,等于人道主义,而作为完成了的人道主义,等于自然主义,它是人和自然界之间、人和人之间的矛盾的真正解决,是存在和本质、对象化和自我确证、自由和必然、个体和类之间的斗争的真

---

〔165〕 参见[挪]G.希尔贝克、N.伊耶:《西方哲学史》,童世骏等译,上海译文出版社2014年版,第129页。

〔166〕 杨适:《人的解放:重读马克思》,四川人民出版社1996年版,第71~74页。

正解决。"[167]简言之,真正的共产主义应具有这几个特点:一是通过扬弃私有财产而实现私有财产的占有,即通过人的异化的扬弃而实现对人的本质的占有;二是人与自然的和谐统一,作为完成了的自然主义和人道主义实现同一,思维与存在的哲学难题彻底解决;三是人在三种层面上的复归,包括自然、人与人以及社会关系,且这三种复归都是人在历史领域内的实践基础上的。

共产主义社会的实现依托于与资产阶级革命有本质性区别的共产主义革命。"共产主义革命就是同传统的所有制关系实行最彻底的决裂。"[168]无产阶级是这种革命最核心的力量,因为,只有无产阶级才是"直接劳动"的阶级,他们是受束缚的阶级,是不享有市民社会利益的市民社会阶级。[169] 他们"不能求助于历史的权利,而只能求助于人的权利",[170]无产阶级已在市民社会为主导的社会中沦为奴隶,他们的主体地位已随着资本的大发展而丧失,他们是私有财产异化的结果,因而只有"通过人的完全回复才能回复自己本身"。[171] 当无产阶级消灭了旧的生产关系后,阶级对立的存在关系也就消灭了,阶级将消失,普遍利益与特殊利益之间的差距得以扬弃,人将回归人的类本质。

《论犹太人问题》预示着马克思从彻底的民主的观点转向了共产主义。[172] 然而,作为必然的共产主义并不是人类发展的终极目标和人类社会的最终形态。从马克思的整个理论研究看,马克思对"人"的研究始终没有偏离对"自由"的探讨,他通过哲学、经济学和社会学上的反思不断地加深对"自由"的探讨,并将《论犹太人问题》中的"人的解放"方案落实到"自由人的联合体"中。

---

〔167〕 中共中央马克思恩格斯列宁斯大林著作编译局编译:《马克思恩格斯文集》(第1卷),人民出版社2009年版,第185页。

〔168〕 中共中央马克思恩格斯列宁斯大林著作编译局编译:《马克思恩格斯选集》(第1卷),人民出版社2012年版,第421页。

〔169〕 同上书,第15页。

〔170〕 同上。

〔171〕 同上。

〔172〕 参见[德]奥古斯特·柯尔努:《论卡尔·马克思"经济学—哲学手稿"》,何思敬译,上海人民出版社1957年版,第4页。

(二)自由人的联合体

马克思人权理论最大的贡献在于,他用"自由人的联合体"对未来社会进行整体概括,这和以往任何的理论家有本质的区别。只有破除异化,才能实现"积极自由"。[173] 共产主义运动的目标正是实现自由人的联合体,这种自由体现为自然、人与人、社会关系的总体解放。

人区别于动物的标识在于对自然的有意识的改造。人依靠对自然的改造而生产需求的产品,劳动过程是"为了人类的需要而占有自然物,是人和自然之间的物质交换的一般条件,是人类生活的永恒的自然条件"。[174] 从这个层面上看,人与自然的关系就是人与人之间的关系。"当资本的物化被融化为它的生产和再生产的不停的过程",[175]无产阶级就能意识到自己是这一过程的真正主体,他便会参与改变这些虚假现实的实践中去。"社会化的人,联合起来的生产者,将合理地调节他们和自然之间的物质交换,把它置于他们的共同控制之下。"[176]劳动产品不再呈现物的人格化,劳动关系不再呈现物象化。[177] 自然的解放是劳动及其产品的解放,劳动者的劳动过程及劳动的产品不再作为奴役人的力量而存在。康德笔下的"物的问题"或"自然的问题"实际上就是"人的问题","物恰恰通过它们回送到我们本身或我们外部的方式而保持自身"。[178]

自由主义者确信,集体的善是不具有道德性质的行为结果,国家干预价格机制将导致奴役,而马克思则认为私有制和竞争必将导致价格机制自身的崩溃。为了彻底地扭转这种国家的异化形式,使人掌握生活的主动权,必须从根本上打破人与人相互隔阂的理论根基,必须将人还原成相互紧密结合的共同体的形式。在这个共同体中,人与人是合作的关系,是目的与目的之间的关系。在《共产党宣

〔173〕 [英]伯林:《自由论》,胡传胜译,译林出版社2003年版,第189页。
〔174〕 [德]马克思:《资本论》(第1卷),人民出版社2004年版,第208页。
〔175〕 [匈]卢卡奇:《历史与阶级意识》,杜章志等译,商务印书馆1996年版,第268页。
〔176〕 [德]马克思:《资本论》(第3卷),人民出版社2004年版,第928页。
〔177〕 参见刘森林:《物象化与物化:马克思物化理论的再思考》,载《哲学研究》2013年第1期。
〔178〕 [德]海德格尔:《物的追问》,赵卫国译,上海译文出版社2009年版,第216页。

言》中,马克思将这种共同体描述为自由人的联合体:"代替那存在着阶级和阶级对立的资产阶级旧社会的,将是这样一个联合体,在那里,每个人的自由发展是一切人的自由发展的条件。"[179]"一切人自由而全面的发展"就是"自由人的联合体"最明显的表征。可以说,马克思主义的根本命题就是"一切人自由而全面的发展"。[180] 物物关系还原为人人关系,这是人与人层面上的解放。

人与人解放的直接结果就是社会关系的解放。"社会是人同自然界的完成了的本质的统一,是自然界的真正复活,是人的实现了的自然主义和自然界的实现了的人道主义。"[181]人是社会的存在物,人一方面在现实的生活中反映着思维,另一方面在意识中确证自己的生活,类意识和类存在达成统一,公民身份与私人身份不再分裂,人的一切感觉和特性得到彻底解放。正如马克思在《资本论》中所阐述的:人的这种社会性具体表现在"自觉地把他们许多个人劳动力当作一个社会劳动力来使用"。马克思由此得出结论:个体只有在一种承认人的社会性和与他者相关的属性的背景中,才能有意义地达成一种关系。[182]"整个世界历史不外是人通过人的劳动而诞生的过程,是自然界对人来说的生成过程",[183]在这个过程中,引导着人进步发展的不是宗教理论,也不是政治力量,而是人身上的社会力量。

马克思通过犹太人的"隐喻"剖析自由主义人权理论,他对人的解放的理解已彻底地突破了德国古典哲学的限制。"德国唯一实际可能的解放是以宣布人是人的最高本质这个理论为立足点的解放。"[184]通过对人的本质问题的讨论,马克思最终将落脚点放在实现自由人的联合体的目标上。在这种联合体中,自由成为

---

[179] 中共中央马克思恩格斯列宁斯大林著作编译局编译:《马克思恩格斯选集》(第1卷),人民出版社2012年版,第422页。

[180] 俞可平等主编:《马克思主义研究论丛》(第1辑),中央编译出版社2005年版,第43页。

[181] 中共中央马克思恩格斯列宁斯大林著作编译局编译:《马克思恩格斯文集》(第1卷),人民出版社2009年版,第187页。

[182] 参见[以]阿维纳瑞:《马克思的社会与政治思想》,张东辉译,知识产权出版社2016年版,第100页。

[183] 中共中央马克思恩格斯列宁斯大林著作编译局编译:《马克思恩格斯文集》(第1卷),人民出版社2009年版,第196页。

[184] 中共中央马克思恩格斯列宁斯大林著作编译局编译:《马克思恩格斯选集》(第1卷),人民出版社2012年版,第16页。

个人与他人联系的积极力量，所有权的排他性被社会参与的公共性所取代。自由人的联合体的实现是对私有财产的彻底扬弃，也是人的本质的真正回归，是人的解放的最终归宿。

六、结论

马基雅维利和霍布斯打破了上帝的神圣形象，哲人开始用“人”的目光看待整个世界，自我保存取代城邦的德性成为人的新目标。古典自由主义主导下的资产阶级人权理论正是在这种时代背景下产生的。洛克、休谟和黑格尔进一步为权利理论披上合法性的外衣，将财产权置于整个权利理论的核心。应当承认，古典自由主义主导下的启蒙人权理论是对压迫人的封建专制制度的巨大超越，但是，其本身并不足以承担起实现人类自由的重任，资产阶级人权理论下的人过着天国和尘世两种分裂的生活。人在大工业生产中承受着劳动异化、产品异化、主体异化和社会关系异化的痛苦，这种涵盖自然、政治和社会领域的全方位的异化状态使人“完全丧失”。究其根本，古典自由主义忽视了手段与目的之间的联系。人本关怀是古典自由主义的目的，而自我保存则是这种人本关怀在手段上的选择，在近代哲人的理论支撑下，这种自我保存进一步表达为以财产权为核心的资产阶级人权理论，然而，这种人权理论本身的缺陷使其无法达到理论的目的。也正是在这个意义上，马克思展开了对古典自由主义的批判。

古典自由主义实现了市民社会的复归，个体私利处于整个人类社会的中心位置，通过论证“市民社会决定政治国家”的观点，马克思彻底地摧毁黑格尔法哲学的理论根基，批判的核心从政治国家转向了市民社会。犹太人是马克思考察市民社会的一个媒介，犹太精神是古典自由主义影响下的产物，这种自私的本性与现代人是同质的，因此，对犹太人的批判也是对市民社会的批判，犹太人的解放就是现代人从犹太精神中解放出来。借由法国《人权和公民权宣言》以及北美各国法律中关于人权条款的分析，马克思发现资产阶级人权的核心是私有财产，并进一步论证了私有财产与异化之间的因果关系。马克思并不否认启蒙人权理论所具备的进步性,财产权利理论推动了人类社会的进步和发展,但这并不意味着财产权应成为整个人权理论的核心,财产权也不应当是与人的劳动相对立的权利。与之相反,正如异化的扬弃是人对自身真正的占有一样,财产权的扬弃意味着劳动者对财产权的真正拥有。为了扬弃异化以恢复人的自身,马克思提出“人的解放”的概念,将自然、人与人和社会的全面解放视为人的自由的实现标志。应当说,这是马克思在秉持人本主义的基础上对古典自由主义的超越。

《论犹太人问题》基本呈现了马克思人权思想的样态,人权具有历史性,也具有实践性。人是自然人、政治人和社会人的有机统一,法权结构的设置应当保障人的全方位自由的实现。《论犹太人问题》关涉整个传统与现代、社会行动与观念变革、劳动与资本的复杂关系,这才使之成为一个时代的“普遍性问题”。马克思以“自由人的联合体”的形式解答了思维与存在何以同一的难题,这也是对整个德国古典哲学的超越。文本对现代人的隐喻引起了后代人对“自由”概念的反思,以世俗的角度审查古典自由法权理论为后人提供了另一个理解“自由”的视角。包括列宁、托洛茨基等革命家,卢卡奇、阿伦特等理论家都受到了文本中阐述的人权思想的影响。

从法哲学角度来看,对人权问题的探讨是马克思对自由概念的追问与回应,马克思人权理论的核心就是人的自由的实现。对古典自由主义的批判是马克思人权思想的入口,异化的扬弃是马克思人权思想的核心,自由人的联合体是马克思人权思想的落脚点。马克思人权思想之所以至今还具有巨大的革新活力,正是因为它是历史、理论与实践的统一。它打破了自古以来的阶级对立传统,将人类历史引向了具有无限发展前景的新阶段。在那里,人与人将紧密结合成一个休戚与共的联合体,人的自由将得以真正的实现。

论毛泽东的美学革命与审美共同体的建构

张　敏*

马克思在对资本主义私有制条件下政治、经济的客观分析基础上，沿着费尔巴哈的宗教批判，将批判的矛头指向了政治、经济领域，形成了政治异化理论和异化劳动理论。同时，马克思在对异化劳动现象的分析中，通过对人类主体性实践本应实现的双重自然的人化与现实资本主义条件下异化劳动之间存在的矛盾的揭示，阐明了审美异化现象："劳动生产了美，但是使工人变成畸形。"[1]而审美异化的本质就在于大众在审美活动中主体性地位的丧失，从而陷入盲目的非主体性状态。这揭示了人民大众继政治、经济上的不平等进一步地体现在审美中的不平等现象。因此，对审美异化现象的阐明为从理论上论证共产主义的历史必然性提供了哲学依据，同时，对阐明共产主义的美学维度也具有重要意义。毛泽东以人民大众为本位的人民美学则为扬弃审美异化、实现审美平等以及为最终建立作为审美共同体的审美共产主义作出了具有实践价值的理论探索。

一、马克思对审美异化现象的阐明

马克思建立的异化理论被视为"是继始作俑者黑格尔的观念异化逻辑之后异

---

* 河北师范大学文学院讲师，哲学博士。
本文为河北省社会科学基金青年项目"20 世纪中国马克思主义美学理论话语的嬗变"（项目编号：HB18WX017）成果。

〔1〕 中共中央马克思恩格斯列宁斯大林著作编译局编译：《马克思恩格斯选集》（第 1 卷），人民出版社 1995 年版，第 43 页。

化理论建构的最高点”。[2] 马克思的异化理论之所以被视为异化理论建构的最高点，笔者的理解是，马克思对异化理论的建构是沿着黑格尔的观念异化逻辑从费尔巴哈的宗教批判逐步延伸到政治批判、经济批判、审美批判等领域，建构起了一个完整的异化理论体系。这个异化理论体系不仅包括自我意识异化理论、政治异化理论、劳动异化理论，而且包括审美异化理论。马克思不仅将自我异化的批判从圣神的宗教领域延伸到非圣神的政治、经济领域，而且还延伸到审美领域；不仅要从圣神的宗教领域和非圣神的政治、经济领域恢复人（无产阶级）的主体性，而且要在审美领域恢复人（无产阶级）的主体性。这一系列的批判使马克思的异化理论在更全、更高的维度上突出了人（无产阶级）的主体性在人类社会历史中的主导性作用，从而为扬弃资本主义私有制，在理论上论证共产主义的历史必然性提供了更全面的哲学依据。这意味着，人（无产阶级）的主体性的真正复归，不仅要在宗教、政治、经济领域中实现，还要在审美领域中实现。因而，对于自我异化的批判，必然要深入审美领域。

在《1844年经济学哲学手稿》中，马克思对资本主义私有制条件下异化劳动现象进行了全面而深刻的批判。在这个过程中，马克思论及了审美异化现象。马克思指出：“动物只是按照它所属的那个种的尺度和需要来构造，而人懂得按照任何一个种的尺度来进行生产，并且懂得处处都把内在的尺度运用于对象；因此，人也按照美的规律来构造。”[3]一般而言，人作为类存在物，其根源就在于，人所具有的主体能动性在对象化的社会实践活动中能超越自然和社会的限定性，并且能按照美的规律来构造。人所具有的主体能动性不仅能按照美的规律来促使“外在自然的人化”——创造了一个美的世界（人类社会和艺术世界），而且能按照美的规律来促使“内在自然的人化”——进行人的自身生产，促使人类个体从“自然的人”不断向“自由的人”“审美的人”生成。然而，现实却是，“劳动生产了宫殿，但是给工人生产了棚舍。劳动生产了美，但是使工人变成畸形”。[4] 工人（无产阶

---

〔2〕 张一兵：《马克思历史辩证法的主体向度》，武汉大学出版社2010年版，第66页。

〔3〕 中共中央马克思恩格斯列宁斯大林著作编译局编译：《马克思恩格斯选集》（第1卷），人民出版社1995年版，第47页。

〔4〕 同上书，第43页。

级)作为历史的创造者,作为美的世界的创造者,在不断促进“外在自然人化”的过程中创造了美的世界,而自身不仅无法实现其“内在自然的人化”,成为“自由的人”“审美的人”,反而还被自身创造的对象化世界所奴役,成为“畸形”。这里所谓的“畸形”,既是指工人(无产阶级)在外在形体上由于异化劳动所带来的非人化结果,更是指工人(无产阶级)在内在精神上陷入异化的非主体性状态,而非美的世界的自由享有者。马克思通过对人类主体性实践本应实现的双重自然的人化与现实资本主义条件下异化劳动之间存在的矛盾的揭示,阐明了审美异化现象,即美的世界的创造者并非美的世界的享有者,甚至自身在肉体和精神上都陷入非美的“畸形”状态。这种非美的“畸形”状态揭示了工人(无产阶级)继政治、经济上的不平等进一步地在审美中的不平等。

马克思对审美异化现象的阐明,是对资本主义私有制条件下工人(无产阶级)真实状况的客观揭示,而在逻辑上则是对宗教异化、政治异化、劳动异化的批判在审美领域的延续和深化——宗教、政治、劳动的异化必然导致审美的异化。马克思在受到青年黑格尔派的影响后,不满意黑格尔异化理论中绝对理念对人类个体主体性的吞噬,并通过比较分析德谟克利特和伊壁鸠鲁的自然哲学来重新确立人类个体自我意识在人类历史进程中的主体性地位。在这个阶段,马克思形成了自我意识异化理论。在此时的马克思看来:“原子不外是抽象的、个别的自我意识的自然形式,感性的自然也只是客观化了的、经验的、个别的自我意识。”[5]马克思将黑格尔异化逻辑中作为主体的绝对理念替换为具有唯物主义色彩的“原子”,而“原子”则是人类个体自我意识的“自然形式”,感性的自然也就不再是绝对理念的对象化,而是自我意识的对象化。马克思通过确立自我意识的主体地位来反抗黑格尔异化理论中绝对理念对人类个体主体性的吞噬,而其逻辑架构则依然是黑格尔的异化逻辑。然而,当马克思在《莱茵报》工作中接触到具体的现实问题时,发现黑格尔的异化逻辑并不能真正解决“应该”与“是”的矛盾,也意识到自我意识哲学尽管突出了人类个体的主体性,而自我意识本身却并不具有真正的

[5] 中共中央马克思恩格斯列宁斯大林著作编译局编译:《马克思恩格斯全集》(第40卷),人民出版社1982年版,第233页。

现实性，其所对象化的产物并非理想中的“应该”，反而处处都是坏的“是”。正是在这种情况下，马克思接受了费尔巴哈的“类本质”这一概念，并将其内涵界定为“自由自觉的劳动”，并以此作为其整个哲学思考的逻辑起点。尽管费尔巴哈的“类本质”具有浓厚的人本主义色彩，但马克思却抓住了更具有现实性的“劳动”概念，从而使其异化理论具有了超越其自身局限性，从人本主义异化史观走向唯物史观的可能。劳动作为一种对象化活动，其本身所具有的物质力量使马克思的理论批判具有了从虚幻的圣神领域进入现实的世俗领域的可能。

马克思沿着费尔巴哈的宗教批判不断深入世俗的政治、经济批判，并最终进入审美批判。费尔巴哈指出，宗教的本质只不过是人的本质的异化形式。这促使马克思意识到政治国家也只不过是市民社会的异化形式。因此，“人的自我异化的神圣形象被揭露以后，揭露非神圣形象中的自我异化，就成了为历史服务的哲学的迫切任务。于是对天国的批判变成了对尘世的批判，对宗教的批判就变成了对法的批判，对神学的批判就变成了对政治的批判”。[6] 这里所谓的“人的自我异化的神圣形象”也就是人的本质异化为上帝的本质，而“非神圣形象中的自我异化”则是市民社会的本质异化为政治国家。前者是费尔巴哈宗教异化理论所进行的批判，而后者则是马克思沿着费尔巴哈的宗教批判进入世俗的政治国家的批判。对政治国家的批判，集中在对黑格尔法哲学的批判上。在黑格尔异化逻辑中，由于精神与物质“主谓关系”颠倒，呈现出来的是一幅颠倒的世界图景。“黑格尔把谓语、客体变成某种独立的东西，但是这样一来，他就把它们同它们的真正的独立性、同它们的主体割裂开来。随后真正的主体即作为结果而出现，实则正应当从现实的主体出发，并把它的客体化作为自己的研究对象。因此，神秘的实体成了现实的主体，而实在的主体则成了某种其他的东西，成了神秘的实体的一个环节。”[7] 对这种颠倒的世界图景的批判，正如费尔巴哈在宗教领域所进行的批判，不是宗教决定人的存在，而是人的存在决定宗教。在世俗领域，不是政治国

---

〔6〕 中共中央马克思恩格斯列宁斯大林著作编译局编译：《马克思恩格斯选集》（第 1 卷），人民出版社 1995 年版，第 2 页。

〔7〕 中共中央马克思恩格斯列宁斯大林著作编译局编译：《马克思恩格斯全集》（第 1 卷），人民出版社 1956 年版，第 273 页。

家决定市民社会,而是市民社会决定政治国家。“正像基督是一个中介物,人把自己的全部神性,全部宗教狭隘性转移到他身上一样,国家也是一个中介物,人把自己的全部非神性,全部人的自由寄托在它身上。”〔8〕

在进一步思考政治异化的根源的过程中,马克思从政治批判走向了经济批判。通过对资本主义社会经济事实的分析,提出了异化劳动理论,指出市民社会异化的根源在于劳动的异化。劳动异化主要体现在四个方面:其一,工人同自己创造出来的劳动产品的异化;其二,工人劳动活动本身的异化;其三,人与自己的类本质的异化;其四,人与人相异化。马克思通过这四个方面的分析,指出劳动产品作为工人劳动的对象化产物,不仅不属于工人,而且作为一种异己的、敌对的力量反过来奴役工人,使工人“成为自己对象的奴隶”。〔9〕 而工人之所以成为自己劳动产品的“奴隶”,陷入异化的非主体性状态,又在于劳动本身的异化。劳动本应是主体生命的本质体现,本应是主体主动创造对象以实现自身的活动,反而成为一种证明其丧失自身主体性的否定形式。“他在自己的劳动中不是肯定自己,而是否定自己,不是感到幸福,而是感到不幸,不是自由地发挥自己的体力和智力,而是使自己的肉体受折磨、精神受摧残”;“外在的劳动,人在其中使自己外化的劳动,是一种自我牺牲、自我折磨的劳动”。〔10〕 劳动从一种证明自己本质力量的肯定形式异化为一种否定自身本质力量的形式,其结果是人与自己的类本质相异化,最终是人与人之间的异化、对立,并最终表现为作为异化世界的资本主义世界的出现。〔11〕

与此同时,既然“劳动生产了美”,那么劳动的异化必然导致审美的异化,即美的世界的创造者并非美的世界的享有者,甚至自身在肉体和精神上都陷入非美的“畸形”状态。而审美异化则是人(无产阶级)自我异化的终极表现,从根本上证明了人(无产阶级)在整个人类历史进程中所处的非主体性状态。从宗教异化

---

〔8〕 中共中央马克思恩格斯列宁斯大林著作编译局编译:《马克思恩格斯全集》(第1卷),人民出版社1956年版,第427页。

〔9〕 同上书,第42页。

〔10〕 同上书,第43页。

〔11〕 在《1844年经济学哲学手稿》中,马克思将资本主义私有制视为异化劳动的根源,但同时也意识到资本主义私有制下一般意义上的对象化劳动“为人的解放做了准备”,“整个所谓世界历史不外是人通过人的劳动而诞生的过程”。

到政治异化、劳动异化,再到审美异化,马克思从宗教、政治、经济和审美等领域,全面揭示了人(无产阶级)在资本主义私有制条件下成为自己劳动对象的“奴隶”,丧失自我、丧失主体性的全过程。而要扬弃这种异化现象,重新使人(无产阶级)获得其自身的主体性,就必须扬弃资本主义私有制,建立共产主义。因此,马克思的异化理论全面地为共产主义理论的提出提供了哲学依据,也为审美异化现象的扬弃指明了方向,即作为审美共同体的共产主义的建立。

二、毛泽东美学革命对审美异化现象的扬弃

占人数最多的无产阶级却处于社会的最底层,这意味着,无产阶级的解放即是整个人类的解放。而无产阶级的解放,不仅要在宗教、政治、经济领域扬弃宗教、政治、经济的异化,而且要在审美领域扬弃审美的异化,肯定和恢复无产阶级在审美活动中所具有的创造性价值。毛泽东美学思想的革命性就体现在从理论上肯定和恢复了人民大众在审美活动中的主体创造性,形成了以人民大众为本位的美学思想——人民美学。刘纲纪在《马克思主义美学研究与阐释的三种基本形态》中指出:“以毛泽东的《讲话》为代表的中国的马克思主义美学是以人民大众为本位的马克思主义实践论的美学。”《在延安文艺座谈会上的讲话》(以下简称《讲话》)[12]刘纲纪将中国马克思主义美学界定为以人民大众为本位的马克思主义实践论美学,而毛泽东的《讲话》则是这一美学思想的代表。冯宪光在《毛泽东与人民美学》中也指出,毛泽东的《讲话》“明确地提出人民在文化和美学上的主体地位,确立以下层劳动者为主体的人民美学”。[13] 毛泽东人民美学的主要特征就是对人民大众在审美活动中主体性地位的肯定。这主要体现在两个方面:其一,从文艺创作的角度来看,人民大众作为历史的创造者,文艺应该为人民群众服务——人民群众是文艺服务的主体;其二,从文艺接受的角度来看,人民大众作为文艺的接受者,对文艺创造活动具有创造性价值——人民大众是文艺接受的主体。

---

〔12〕 刘纲纪:《马克思主义美学研究与阐释的三种基本形态》,载《文艺研究》2001 年第 1 期。

〔13〕 冯宪光:《毛泽东与人民美学》,载《文艺理论与批评》2003 年第 6 期。

在《湖南农民运动考察报告》(1927年)一文中,毛泽东指出,“中国历来只是地主有文化,农民没有文化。可是地主的文化是由农民造成的,因为造成地主文化的东西,不是别的,正是从农民身上掠取的血汗。中国有百分之九十未受文化教育的人民,这个里面,最大多数是农民。农村里地主势力一倒,农民的文化运动便开始了”。[14] 在封建时代的中国,农民作为最广大的群体,他们是“地主文化”的浇灌者,但他们自己却不是文化的享有者,反而成为“地主文化”的“奴隶”。在“五四”时期,启蒙成为时代主题,周作人、胡适等人也提出了“平民文学”的主张,但是,这里所谓的“平民”并非指广大的劳动者。周作人最早提出“平民文学”,但其所谓“平民”“强调的不是主张阶级政治地位平等的‘平等之民’,而是指文学表现中的‘无阶级’的‘超功利’的具有‘个人平等自由’的‘平等之民’”。[15] 而其所谓“平民文学”,也并不是指“为平民”的文学,而是指一种所谓的“真正的人的文学”。周作人在《贵族的与平民的》一文中指出:“我想文艺当以平民的精神为基调,再加以贵族的洗礼,这才能够造成真正的人的文学。倘若把社会上一时的阶级争斗硬移到艺术上来,要实行劳农专政,他的结果一定与经济政治上的相反,是一种退化的现象,旧剧就是他的一个影子。”[16]“平民的精神可以说是淑本好耳所说的求生意志,贵族的精神便是尼采所说的求胜意志了。前者是要求有限的平凡的存在,后者是要求无限的超越的发展。”[17] 因此,“平民文学”作为“真正的人”的文学强调的只是一种体现“健全”精神的文学。而能够既体现平民精神,又体现贵族精神的“真正的人”,则只能是资产阶级知识分子,而不可能是“劳农”。而胡适的“平民文学”则指的是传统中既有的“民间文学”,如汉乐府、南北朝民歌。胡适指出:“痴男怨女的欢肠热泪,征夫弃妇的生离死别,刀兵苛政的痛苦煎熬,都是产生平民文学的爷娘。”[18] 由此观之,胡适倡导“平民文学”,并非是主张为广大的劳动者创作文学,而是强调文学创作中“民间传统”为文学发展提供的鲜活的

[14] 《毛泽东论文艺》,人民出版社1983年版,第1页。

[15] 武斌斌:《平民文学:概念的歧义与发展》,载《南京师范大学文学院学报》2016年第3期。

[16] 周作人:《自己的园地》,上海三联书店2018年版,第18页。

[17] 同上书,第17页。

[18] 胡适:《国语文学史》,载《胡适文集》(第8卷),人民文学出版社1998年版,第23页。

资源及其重要性。因此,“五四”时期的平民文学还不是真正的“为人民的文学”。毛泽东在《新民主主义论》(1940 年)中肯定了“五四”文化运动“立下了伟大功劳”,同时也指出:“这个文化运动,当时还没有可能普及到工农群众中去。它提出了‘平民文学’口号,但是当时的所谓‘平民’,实际上还只能限于城市小资产阶级和资产阶级的知识分子,即所谓市民阶级的知识分子。”[19]而新民主主义革命的一个重要目标就是要建立以最广大的人民大众为主体的文化——新民主主义文化。“这种新民主主义的文化是大众的,因而即是民主的。它应为全民族中百分之九十以上的工农劳苦民众服务,并逐渐成为他们的文化。”[20]毛泽东的这一美学思想在《讲话》中得到了集中的阐述。

在《讲话》中,首先,毛泽东提出了“文艺为什么人服务”的问题,明确指出文艺服务的对象是广大的人民大众。“那末,什么是人民大众呢?最广大的人民,占全人口百分之九十以上的人民,是工人、农民、兵士和城市小资产阶级。所以,我们的文艺,一是为工人的,这是领导革命的阶级。二是为农民的,他们是革命中最广大最坚决的同盟军。三是为武装起来的工人农民即八路军、新四军和其他人民武装队伍的,这是革命战争的主力。四是为城市小资产阶级劳动群众和知识分子的,他们也是革命的同盟军,他们是能够长期地和我们合作的。这四种人,就是中华民族的最大部分,就是最广大的人民大众。”[21]其次,毛泽东提出了文艺创作的立场问题,明确指出文艺创作必须站在无产阶级的立场。“我们要为这四种人服务,就必须站在无产阶级的立场上,而不能站在小资产阶级的立场上。”[22]最后,毛泽东提出了文艺如何为人民大众服务的问题,明确指出社会生活是文艺创作的唯一源泉,文艺工作者需要深入人民大众中。“作为观念形态的文艺作品,都是一定的社会生活在人类头脑中的反映的产物。革命的文艺,则是人民生活在革命作家头脑中的反映的产物。人民生活中本来存在着文学艺术原料的矿藏,这是自然形态的东西,是粗糙的东西,但也是最生动、最丰富、最基本的东西;在这点上说,

---

〔19〕《毛泽东论文艺》(增订本),人民文学出版社 1992 年版,第 22 页。

〔20〕同上书,第 31 页。

〔21〕《毛泽东选集》(第 3 卷),人民出版社 1991 年版,第 855 页。

〔22〕同上书,第 856 页。

它们使一切文学艺术相形见绌,它们是一切文学艺术的取之不尽、用之不竭的唯一的源泉。这是唯一的源泉,因为只能有这样的源泉,此外不能有第二个源泉。”因此,“中国的革命的文学家艺术家,有出息的文学家艺术家,必须到群众中去,必须长期地无条件地全心全意地到工农兵群众中去,到火热的斗争中去,到唯一的最广大最丰富的源泉中去,观察、体验、研究、分析一切人,一切阶级,一切群众,一切生动的生活形式和斗争形式,一切文学和艺术的原始材料,然后才有可能进入创作过程”。〔23〕

毛泽东从文艺服务的对象、文艺创作的立场和文艺创作的源泉(方法)三个方面全面地论述了其以人民大众为本位的美学思想,对封建时代属于地主阶层的审美文化和“五四”时期属于资产阶级的审美文化进行了批判,从文艺创作的角度全面地肯定和恢复了人民大众在审美文化中的主体性地位。同时,毛泽东在《讲话》中还进一步从文艺接受的角度肯定了人民大众作为文艺的接受者对文艺创造活动所具有的创造性价值。毛泽东在《讲话》中明确指出:“各种干部,部队的战士,工厂的工人,农村的农民,他们识了字,就要看书、看报,不识字的,也要看戏、看画、唱歌、听音乐,他们就是我们文艺作品的接受者。”〔24〕广大的人民大众作为文艺作品的接受者,这就意味着,文艺作品要成为真正审美的对象需要接受人民大众的“批准”,而不是“自封”的。如果文艺工作者创作的作品,“只为少数人所偏爱,而为多数人所不需要,甚至对多数人有害,硬要拿来上市,拿来向群众宣传,以求其个人的或狭隘集团的功利,还要责备群众的功利主义,这不但是侮辱群众,也太无自知之明了”,因为“任何一种东西,必须能使人民群众得到真实的利益,才是好的东西”,否则“任何专门家的最高级的艺术也不免成为最狭隘的功利主义;要说这也是清高,那只是自封为清高,群众是不会批准的”,可你“只顾骂人,那就怎样骂也是空的”。〔25〕从这些论述中可见,毛泽东已清晰地意识到,文艺作品并非天然的“审美对象”,文艺要从作为印刷品的“文本”上升为

〔23〕《毛泽东选集》(第3卷),人民出版社1991年版,第860页。
〔24〕同上书,第850页。
〔25〕同上书,第864~865页。

作为"作品"的"审美对象",就必须得到作为接受者的人民大众的认同。否则,曲高和寡的"阳春白雪"也只不过是创作者自封的"清高"而得不到人民大众的"批准"。

毛泽东的这一系列论述强调了作为接受者的人民大众在文学接受活动中的主体性地位,是对马克思关于消费与生产关系在文艺理论中的具体运用,也可以视为20世纪60年代兴起的接受美学的先声。马克思在《政治经济学批判》导言中指出:"产品不同于单纯的自然对象,它在消费中才证实自己是产品,才成为产品。消费在把产品消费的时候才使产品最后完成,因此,产品之所以是产品,不在于它是物化的活动,而只是在于它是活动着的主体的对象。"因此,"一条铁路,如果没有通车、不被磨损、不被消费,它只是可能性的铁路,不是现实的铁路"。[26]文艺作为一种特殊的精神生产同样要遵守生产的一般规律。文艺作品只有在人民大众的接受活动中才可能从作为印刷品的"文本"生成为"审美对象",从可能性的作品生成为现实性的作为审美对象的作品。"例如一部小说,在未经读者阅读之前,只不过是一叠印着铅字,经过装帧的纸张,就象一部电影在与观众发生关系之前,只不过是一堆正片胶卷;存放在博物馆仓库里的雕像,只不过是一块具有某种形态的石头、或者木头、金属一样。"[27]这与接受美学的观点不谋而合,都肯定了作为接受者在文艺活动中的主体性地位。接受美学的伊瑟尔将文学文本视为一个"召唤结构"期待着读者的创造性解读。接受美学的姚斯也指出:"在作者、作品和读者的三角形中,读者绝不是被动的部分,并不仅仅作为一种反应,相反,它自身就是历史的一个能动构成。一部文学作品的历史生命如果没有接受者的积极参与是不可思议的。因为只有通过读者的传递过程,作品才进入一种连续性变化的经验视野。在阅读过程中,永远不停地发生着从简单接受到批评性的理解,从被动接受到主动接受,从认识的审美标准到超越以往的新的生产的转换。"[28]与后起的接受美学不同的是,毛泽东的人民美学不仅强调了接受者在审

---

〔26〕 中共中央马克思恩格斯列宁斯大林著作编译局编译:《马克思恩格斯选集》(第2卷),人民出版社1995年版,第9页。

〔27〕 江西省文联文艺理论研究室编:《外国现代文艺批评方法论》,江西人民出版社1985年版,第269页。

〔28〕 [德]H. R. 姚斯、[美]R. C. 霍拉勃:《接受美学与接受理论》,周宁、金元浦译,辽宁人民出版社1987年版,第24页。

美活动中的主体创造性作用，而且更强调文艺作品的“接受者”应该是人民大众，而非一般意义上的个体，更非资产阶级知识分子。因而，毛泽东的人民美学对接受者主体地位的强调，不仅具有前瞻性，也更具有革命性。

综上所述，毛泽东以人民大众为本位的美学思想，作为一种人民美学，它从文艺创作和文艺接受这两个角度确认了人民群众既是文艺服务的主体也是文艺接受的主体，肯定了人民大众在文艺创作和接受活动中的创造性价值。其重要意义诚如童庆炳所言，是美学史上的一次伟大革命。“人民第一次在审美活动中占了主体地位，这不能不说是美学史上的一次伟大革命。”[29] 而这种革命性就在于通过建立以人民大众为本位的人民美学，从理论上肯定和恢复人民大众在审美活动中的主体性地位。这为扬弃审美异化、实现审美平等提供了理论依据，也为扬弃审美异化指明了具体的实践方向。

三、毛泽东人民美学对审美共同体建构的意义

扬弃审美异化，其核心就在于恢复人民大众在审美活动（创作和接受）中的主体性地位。人民大众在审美活动中的主体性地位的获得，从理论上讲，就是要建立以人民大众为本位的人民美学，从理论上肯定和恢复人民大众在审美活动中的主体性地位；从实践上讲，则是要建立保障人民大众在审美活动中主体性地位的审美共同体。审美共同体的建立是扬弃审美异化现象在文化制度上的必然要求。马克思在《1844 年经济学哲学手稿》中指出，审美异化的根源在于异化劳动，因而，审美异化的扬弃即是异化劳动的扬弃，而异化劳动的扬弃则是资本主义私有制的扬弃、共产主义的建立。因此，政治异化、劳动异化、审美异化的扬弃，其最终指向的都是共产主义的建立。换句话说，共产主义是对政治异化、劳动异化、审美异化的三重克服。而对于政治异化、劳动异化，扬弃资本主义私有制，建立共产主义，其实质是要求建立一种政治/经济共同体，恢复人民大众在政治上、经济上

〔29〕 童庆炳：《毛泽东的美学思想新论》，载《河北学刊》2003 年第 6 期。

的主体性地位，实现政治、经济上的平等。而对于审美异化的扬弃，即扬弃资本主义私有制，建立共产主义，其实质则是要建立一种审美共同体，恢复人民大众在审美活动中的主体性地位，实现审美上的平等。就这个角度而言，共产主义不仅是一种政治/经济结构，更是一种审美结构；不仅是一种政治经济共产主义，更是一种审美共产主义。审美共同体——审美共产主义的建立，其实质在于，以"制度"的形式保障人民大众在审美领域中的主体创造性，使文艺真正具有"人民性"，从而真正实现审美平等。因此，审美平等的实现，不仅是对政治、经济平等的深化，而且也是人民大众真正实现解放的表征。政治、经济的自由平等，只是从物质层面保障了人民大众在社会历史中的主体性，而审美的平等，则深入精神层面，从审美文化上凸显人民大众在社会历史中的主体性。正是从这个意义上，黑格尔才说"审美具有带有令人解放的性质"。[30] 因而，异化现象的最终扬弃，需要从政治、经济领域深入审美领域，在审美活动中恢复人民大众的主体性，实现审美平等。因此，审美平等的实现，一是要从理论上建立以人民大众为本位的美学理论——人民美学；二是要在实践中建立"审美共同体"——审美共产主义，以"制度"的形式保证审美平等，正如我们以"制度"的形式保证人民大众在政治、经济上的平等一样。

共产主义作为一种审美共同体、审美共产主义，要保证人民大众在审美活动中的主体性，实现审美平等，首先就要建立人民大众为本位的文艺，如此，才能为审美平等提供坚实的文化基础和保证。正如列宁指出的那样，艺术应该属于人民，并且，要建立"一种按内容而规定其形式的、真正新兴的、伟大的艺术，一种共产主义的艺术"。[31] 列宁所谓"共产主义的艺术"，也是以人民大众为本位的文艺，为人民大众服务的文艺，而不是为少数资产阶级知识分子服务的文艺。毛泽东在《新民主主义论》中提出建立"民族的科学的大众的文化"，并明确指出这种文化"应为全民族中百分之九十以上的工农劳苦民众服务，并逐渐成为他们的文化"。[32] 文艺创作和欣赏作为一种审美文化，也应该是一种"民族的科学的大众

---

〔30〕［德］黑格尔：《美学》（第1卷），朱光潜译，商务印书馆1996年版，第147页。

〔31〕［苏］列宁：《列宁论文学与艺术》，中国社会科学院文学研究所文艺理论研究室编，人民文学出版社1983年版，第438页。

〔32〕《毛泽东论文艺》（增订本），人民文学出版社1992年版，第31页。

的文化”。唯有创作属于人民大众的文艺，建立属于人民大众的审美文化，才能使人民大众在审美活动中的主体性具有现实性，也才能够真正实现审美平等。因此，毛泽东在《讲话》进一步中提出“文艺为人民服务”的观点，其直接的目的就在于抨击当时在延安的一些文艺工作者以“写熟悉题材，说心里话”为借口，将文艺局视为个体心灵的表现，对人民大众喜闻乐见的文艺形式加以鄙薄的现象。这种现象也是一种审美异化，人民大众的社会生活是“文学艺术原料的矿藏”，“是一切文学艺术的取之不尽、用之不竭的唯一的源泉”，[33]而文艺工作者却将其视为“豆芽菜”加以鄙薄。这不仅不能恢复人民大众在审美活动中的主体性地位，而且，还会加剧资产阶级知识分子与人民大众之间原本就存在的审美不平等。因此，在毛泽东看来，革命的文艺，共产主义的文艺，必须“歌颂无产阶级和劳动人民”，[34]表现“新的人物，新的世界”。[35] 这里所谓的“新的人物”，即是无产阶级和劳动人民；这里所谓的“新的世界”，也就是无产阶级和劳动人民当家做主的新民主主义社会。唯有表现“新的人物，新的世界”的人民大众的文艺，才能够创造出属于人民大众的审美文化，也才能够从文化上保障人民大众在审美活动中的主体性地位，实现审美平等。这是作为审美共同体的共产主义的内在要求。

创作以人民大众为本位的文艺作品，为恢复人民大众在审美活动中的主体性地位、实现审美平等提供了文化机制上的保障；同时，还需要从根本上塑造人民大众的审美文化心理结构，使人民大众从“自然的人”生成为“自由的人”“审美的人”，获得基本的审美判断力。这为恢复人民大众在审美活动中的主体性地位、实现审美平等提供了文化心理根基。从主体的角度来看，人民大众在审美活动中主体地位的获得、审美平等的实现，其自身不能仅是只有物质需求的“自然的人”，必须是具有一定审美能力的“审美的人”。这是扬弃审美异化现象最根本的途径。在马克思、恩格斯看来，这属于人的自身生产的问题。人的自身生产包含着两层内涵：一是人类个体生命的再生产；二是人类个体生命的自我完善。前者是

---

〔33〕《毛泽东选集》(第3卷)，人民出版社1991年版，第860页。

〔34〕同上书，第873页。

〔35〕同上书，第876页。

生物学意义上的再生产,是确保承载着人类历史文化基因的生命体的不断延续;后者是指在历史性的社会实践活动中人实现不断的“人化”,即实践美学所谓的“自然的人化”。“自然的人化”包含“内在自然的人化”和“外在自然的人化”。而人的自身生产则指的是内在自然的人化,即“人的感官、感知和情感、欲望的人化”。[36] 李泽厚认为:“感官的人化的特点,从哲学上讲,就是马克思讲功利性的消失,或者说感性的非功利性的呈现。”[37]这就是说,感官的人化使原本受生理支配的感官开始超越那种动物性的直接的生存、欲望而存在的狭隘性,而生成为一种社会性的感官,并最终成为一种审美的感官。情欲的人化则“是对动物性的生理情欲的塑造或陶冶,与人是具有感性欲望的个体存在的关系极为密切”。[38] 与感官的人化一样,在物质生产实践活动中,人的情欲超越了动物性单纯的生理欲望,而生成为一种社会性的行为。用李泽厚的话来说,就是“性欲成为爱情,自然的关系成为人的关系,自然感官成为审美的感官,人的情欲成为美的情感”。[39]因而,“内在自然的人化”也就是现实的人在物质生产实践活动中,从“自然的人”生成为“自由的人”“审美的人”,在主体心理中形成一定的审美趣味、审美理念和审美理想,最终积淀为审美心理结构,从而具备一定的审美能力。

审美心理结构的积淀、审美能力的获得,作为“内在自然的人化”的结果,其实现的重要途径之一是审美教育。毛泽东的人民美学将其概括为“普及与提高”的问题。毛泽东在《讲话》中指出:“我们的文艺,既然基本上是为工农兵,那末所谓普及,也就是向工农兵普及,所谓提高,也就是从工农兵提高。”[40]所谓向工农兵普及,“只有用工农兵自己所需要、所便于接受的东西”,[41]即要以表现“新的人物,新的世界”的大众文艺教育人民大众,才能使人民大众不仅拥有一定的审美能力,而且拥有的是共产主义而非封建地主和资产阶级的审美趣味、审美理念和审

〔36〕 李泽厚:《美学三书》,天津社会科学院出版社2003年版,第417页。

〔37〕 同上书,第469页。

〔38〕 同上书,第470页。

〔39〕 同上书,第424页。

〔40〕 《毛泽东选集》(第3卷),人民出版社1991年版,第859页。

〔41〕 同上书,第859页。

美理想。所谓向工农兵提高,“只能是从工农兵群众的基础上去提高,也不是把工农兵提到封建阶级、资产阶级、小资产阶级知识分子的‘高度’去,而是沿着工农兵自己前进的方向去提高,沿着无产阶级前进的方向去提高”。[42] 这即是说,人民大众审美能力的提高,并不是要从“大众”的审美趣味“提高”到封建阶级、资产阶级知识分子的“高度”,而是要根据人民大众的审美心理的现实情况,提高人民大众接受大众文艺的审美能力。毛泽东人民美学思想中的“普及与提高”非常辩证地阐明了人民大众审美能力的生成与发展问题,为作为审美共同体的共产主义——审美共产主义的建立作出了具有实践意义的理论探索。

综上所述,毛泽东美学思想的革命性就在于,在理论上从文艺创作和文艺接受这两个角度肯定和恢复了人民大众在审美活动中的主体性地位,建立了以人民大众为本位的人民美学,为扬弃审美异化、实现审美平等提供了理论依据。同时,毛泽东的人民美学思想从“文艺为人民服务”出发,主张创作大众文艺和通过“普及与提高”塑造人民大众的审美能力两个维度阐明了人民大众如何在审美活动中获得主体地位,从而为扬弃审美异化、实现审美平等提供了文化机制和文化心理上的双重保障。因此,毛泽东以人民大众为本位的人民美学为扬弃审美异化、实现审美平等,最终建立作为审美共同体的审美共产主义作出了具有实践价值的理论探索,也为进一步从外在的文化艺术制度和内在的审美心理结构探索审美共同体——审美共产主义的建构提供了思路。

〔42〕《毛泽东选集》(第3卷),人民出版社1991年版,第859~860页。

理论探源

论新式"权利"诉求法定化的现实考量

覃李慧*

人们普遍拥有一种与生俱来的"权利感",占有欲根植于我们的本能中——相互戏耍打闹的幼童虽然可以暂时分享彼此的玩具,却对自己携带之物有明确的捍卫意识,尽管不知道所有权是什么。即使不用"权利"这一术语,从未了解过康德道德哲学中关于自主性的论证或思考过平等或共同之善这类问题,人们也会采用其他的表述方式来使自己的某种诉求得以伸张。过去,"权利"这个字眼对国人来说是陌生的;而现在,传统道德在现代化进程中备受冲击而无力统合人们的价值观念,阶级斗争的意识形态思维也已被摆脱,法律成为调控人们关系的主要规范,如果不依赖法律权利之名将诉求合理化,则难以声称相关利益或行为具有无可批驳的正当性。

但与此同时,话语的滥用也不可避免,很多不加考究的权利表达方式,其本质可能是一些法不禁止的自由,如"变性权""流浪权""同居权";也可能是对精神状态的标榜,如"良好心情权"和"视觉卫生权";或是对某些人格利益的泛化,如"贞操权""初夜权";甚至不过是日常生活行为本身,只是加上权利之名进行同义反复的强调,如"亲吻权""养狗权""乞讨权""祭奠权"等。不恰当的表述方式往往导致某一权利术语含混到不能传达任何清晰意义的程度。制定法划定的权利范围极广阔,而且边界开放,为各式各样的诉求冠以权利之名提供了可能性,也导致了权利话语的泛滥。确切来说,上述诸种"权利"类型虽名词新颖,却并不能成为

* 吉林大学法学理论专业博士研究生。

严格意义上的具体权利,在个案纠纷中相应诉求得到保护与否与是否套上权利标签并没有必然关联。

一、新式"权利"的本质特点

值得讨论的是一些新式的"权利",其被冠以权利之名,却不能行权利之实,因为它们暂时既没有被立法一般确认,也没有被司法个别确认为权利。比如,"安宁死亡权"[1]"同性恋婚权"[2]"动物权"[3]"基因权"[4]等。之所以称为"权利",是因为它们得到一定范围内的社会呼吁和支持,本质上具有成为狭义法定权利的潜在可能性,但在我国现行的法律框架下能否得到权利地位,仍有待进一步的论证和考量。这类"权利"具有如下特点。

第一,新式"权利"不同于新型权利。后者作为法定化的权利,要么通过当下最新的立法创设或确认,要么业已出现在法律文本中曾被疏于关注却日益被推崇,或是我国加入国际公约和条约后所承诺保障的一系列权利,比如,新通过的《民法总则》第101条对个人信息保护的相关规定,即通过对组织和个人获取信息后应确保信息安全这一义务性要求设定了民事主体的信息权;《立法法》第90条规定,法定国家机关以外的其他国家机关和社会团体、企业事业组织及公民向全国人民代表大会常务委员会书面提出进行审查的建议,反向创制了相应主体的违宪审查建议权;《经济、社会及文化权利国际公约》中确定了适当生活水准权,鉴于我国加入并签署批准了该项公约,使该权利成为已被确认的一项重要权利。新型权利也许在具体范围上确定性程度不够高或保护力度不够强,但其权利地位是

---

[1] 在《中国民法典人格权法编建议稿》中,曾有相关提议认为在对生命权效力限制问题上,可以为自然人的安乐死请求权提供空间,可采取不禁止的非授权立法模式,但司法实践中并无确认安乐死权利的先例。

[2] 2016年4月,湖南省长沙市芙蓉区法院开庭审理的"中国同性婚姻第一案"标志着我国的同性恋者迈出了在法律层面上伸张同性婚权的第一步,而法院最终以结婚必须是男女双方的判决理由否定了孙某麟、胡某亮两位男性原告的诉讼请求。

[3] 动物权的问题仅限于学者的讨论,旨在扩展权利的主体以达到动物保护的目标。

[4] 2010年9月,佛山中院对"中国基因歧视第一案"作出终审判决,三名考生终审败诉。该案的问题关键点在于公务员招考体检对考生基因检测是否具有合法性,由此引发了关于基因隐私和基因公平问题的讨论,以及是否应在基因上塑造权利类型的思考。

确定无疑的。

第二,与人们所认知的传统权利相较,新式"权利"或在主体方面有别于常见主体,或在客体形态上与常见的权利客体不尽相同,因此,无法直接类同于传统权利。

第三,这类"权利"诉求力图获得确切的法律权利地位,期待得到法律权利类型化的表达,而不是仅作为弱意义上的法律自由而存在。狭义上的法律权利本身蕴涵着请求权的要素,但弱意义上的法律自由不可完全等同于狭义上的法律权利。拥有一项法不禁止的自由并不意味着必然得到具体的法律权利。人们拥有在路上驾驶车辆的自由,不意味着获得排除他人车辆堵塞造成自己行驶不便的权利;而不同商家都拥有针对特定顾客的竞争自由,并不意味着他们都彼此拥有请求不得妨碍其赢得顾客的权利。[5]

同样,在自由意志下实施的自杀行为也无法被列入权利范畴。某人可以随意实施某个行为,此时他拥有弱意义上的自由——即使他无权被免予阻碍他成功实施此行为的各种障碍的干扰,某人也可以拥有免于被干涉实施某个他不能随意实施的行为的权利,两者有本质区别。正如德沃金所言,在大多数情况下,当我们说某人有权利做某件事的时候,意味着除非有特别的理由,否则别人干预他做这件事情是错误的。

二、有关新式"权利"诉求讨论的价值和意义

人们对新式"权利"的重视源于重构生活秩序的良好愿望。随着民主化程度的提高,大幅度民意调查、意见征询在沟通中提升了公民政治参与意识,社会转型变革期大规模的立法活动给予了人们很高的法律期待。获得更多的权利就意味着享有更广泛的自由,对权利的渴望根植于人本性中对自由的热爱。当然,根据

---

〔5〕 狭义上的法律权利包含请求权的要素,而弱自由与请求权性质相异且并无蕴含关系,因此,弱意义上的自由是无法等同于狭义的法律权利本身的。参见雷磊:《法律权利的逻辑分析:结构与类型》,载《法制与社会发展》2014 年第 3 期。该文分析了法律权利的不同类型,以及法律权利中的请求权要素与弱意义上自由的关系。

批判法学的视角,权利也是可以被解构的。在批判法学派看来,抽象意义上讨论的权利并不能推进我们的相关理解,唯有具体权利在具体社会构建中被认可,权利话语才有意义。而特定的权利具有开放的结构和不确定的意义,当权利之间发生冲突时,司法干预会带来不确定的复杂结果——权利依赖于特定法律语境,意味着它们本身需要论证才能在法律实践中产生终局性结论。批判法学派的观点认为:"权利是自由主义借以掩盖矛盾的方法。权利是从社会条件中抽象出来关于自由的主张,并不实际地决定自由的性质。我们需要他人,同时我们用那个同他们的对立来定义自己的自由。权利把人们分成了一些个体……权利低估了社团主义的愿望。它们是法律自由主义神话的工具。"〔6〕

对权利话语的批判可从另一个角度帮助人们看待权利的政治属性及其局限,但如果法治依然是社会治理模式的首选,就没有任何理由否认它的价值。权利构建着人与人之间的关系,一项具体的权利尽管边界开放但核心意义依然足够明确。权利在制衡集体性权力的过程中保障个人的自由和尊严,在界分人们适当距离的同时,也确保人们的正当利益不被别人剥夺或被集体吞噬,此基础上的个人联合才可能组建成更强大的共同体。"权利赋予言说者以正当性……权利至少代表一种正当的法律保障……也正是在权利话语的明目下,享有共同利益或者具有共同理想的人们联合在一起为特定的权利而斗争。"〔7〕对新式"权利"可能性的期待不仅蕴含着某种重构秩序的政治理想,也提供了一种现实分析和审视的力量。新式"权利"的诉求对既有的观念制度提出挑战,引发了对人之为人的意义的重新思考,并帮助我们审视当下的社会实践,鼓励人们去反思并讨论我们已经构建出来法治应该朝向何种方向发展。

三、新式"权利"诉求法定化所考量的现实条件

有学者指出,在我国新兴权利的入法实践中存在一个逐渐成形且极具特色的

〔6〕[英]韦恩·莫里森:《法理学——从古希腊到后现代》,李桂林等译,武汉大学出版社2003年版,第494~495页。

〔7〕陆幸福:《权利话语的批判与反批判》,载《法制与社会发展》2014年第4期。

模式,即"以司法续造为基础的渐进式入法路径",大致有如下步骤:首先,通过个案裁判进行特殊化救济;其次,再通过司法解释加以规范化;最后,以法律规定的普遍化建构最终使权利得以类型化的保护。[8] 毫无疑问,无论是激进式入法还是司法渐进式入法,新式"权利"诉求能否得到保护,至少要通过以下多重标准的检验,才有可能证成其合理性,进而得到类型化保护的契机。

(一)特定诉求的权利化是否会突破伦理道德底线

权利的观念并非与人类的产生相伴,缺乏权利话语的社会依然能够存续。人类会在长期的生存实践中形成族群特有的生存方式,基于对自然和历史规律的认知以及反思,人们怀抱着对应然社会秩序的向往和期待而建立一套共同体内独有的活动准则,由此形成哈耶克所言的自发秩序。相应准则在经验总结中被提炼出来,涉及人与人之间、人与社群之间,甚至人与自然界的关系,此谓人伦之理。其存在的意义在于保证共同体的秩序,要求个人克服自身的本能欲望进行适当的自我约束,要求按照划定的人际法则行事,以取得个人实现与群体发展之间的平衡。禁止乱伦、禁止滥杀无辜、不可偷盗奸淫、不得诬陷他人、讲仁义等一系列的伦理道德规范,以"善""恶"为评判词,设定了行为正当性的尺度。与此同时,个体在接受外在伦理秩序的制约时,逐渐领悟到人我界限并逐渐知晓自身所在的历史处境,从而感知人之为人的尊严和价值。出于人的自然本质的类同,最基本的伦理道德要求常常体现出一定的普适性——它们是人类群体存续的最低条件,如果不能被遵循,社会共同体就容易被瓦解,因此,在不同的文化背景中都普遍存在,这便是哈特所言的"最低限度的道德"。

在最低限度的道德上,不同地域的文化中又产生了一些具有地方独特性的伦理准则。我国传统的农耕文化就孕育出一套有别于西方的伦理规范,其中一些陈旧僵化的内容已逐渐被抛弃,而一些重要的观念依然发挥影响,如孝道在今天依然对维系代际关系具有重要的作用。引发伦理争议的具体"权利",如果通过司

---

〔8〕 参见王庆廷:《新兴权利渐进入法的路径探析》,载《法商研究》2018 年第 1 期。

法确认后可能会引发诸多不安因素而带来负面效应,必然无法被支持保护。实施安乐死目前根本不可能为立法所考虑,协助者也不被作无罪化的处置,原因就在于:第一,国人存在“身体发肤,受之父母,不敢毁伤,孝之始也”的心理认知。第二,不同于拒绝接受治疗或自杀等主动放弃生命权的行为,安乐死需要他人协助进行以实现死亡过程中的安宁,这对目睹亲人被人为且刻意地加速死亡进程的家属和辅助安乐死的医护人员,施加了巨大的心理压力和道德负疚感。我们的文化中普遍并不认为死亡是一件乐观的事。第三,个别心术不正的患者家属或医生还可能基于各种原因使患者被巧妙地强迫“自愿”安乐死。即便极少数国家承认了安乐死的合法地位,且在我国也出现了有关安乐死权利化的立法建议,[9]但在当下基于对生命应予尊重的伦理道德观念,以自主选择的名义去实质性地损害“生命”这一自主的载体,这并非可取的价值导向。因此,任何一项新式“权利”诉求,即便已被小众群体接受推崇,但若仍有悖于大众心目中的伦理道德观,则暂不宜获得权利的地位。

(二)特定诉求是否已经得到相当程度的社会认可

我国是通过革命途径重塑社会结构的,中华人民共和国成立后首先由执政党颁布确认人们基本权利的法律,在民主进程和法治框架下逐步充实权利内容、扩大保护范围并完善救济机制。当政治秩序稳定且制度框架成型,行权在日常生活中才得以实现。人们对于侵犯权利而遭受法律制裁的恐惧固然是遵循法律的原因之一,但和平年代对法律的内在认同也是重要的心理要素。米歇尔·曼说过,权利毕竟既不是一支枪,也不是一台独角戏,它是一种关系和关联性的表达以及一种合作形式。哈贝马斯从交往行为理论和商谈论的视角,提供了对于权利来源的一种观点:“权利应是平等自由的主体互相承认和授予的,应是人们合作、人际沟通和主体协商互动的产物……它们的合法性根基不在于道德的权威,也不在于

〔9〕 2016年3月10日,第十二届全国人大第四次会议湖北省代表团召开小组会议,在分组讨论时全国人大代表、华中科技大学教授、中国工程院院士李培根建议考虑“安乐死”立法,参见《人大代表:安乐死对社会不是坏事　建议考虑立法》,载搜狐新闻网:http://news.sohu.com/20160311/n440120345.shtml,最后访问日期:2019年3月4日。

国家实在法的强制力,而在于民主交往过程的商谈程序及其论证理由。”[10]在主体互动过程中,通过彼此的承认和理解实现的权利互赋,是权利现实化的重要基础。这将极大地降低纠纷冲突发生的概率,从而减少社会内耗的程度并节省司法资源。

如果在私人自主的公共互动中没有形成对特定诉求权利化一定范围内的认可,那么,该项诉求必然因社会共识基础的薄弱而最终难以被立法考量。以同性婚姻权为例,其无法被承认的原因大致有以下两点:第一,社会公众对同性恋现象依然缺乏理解,广大农村地区还奉行传统婚姻模式,大多数百姓对有碍于后代生养的同性结合在心理上是无法接受的;第二,除了在一些经济发达的大都市,绝大多数地方的同性恋平权运动并不活跃。对同性恋群体的歧视依然普遍存在,在歧视未被大范围消除前,承认同性恋的婚姻效力甚至可能使这类群体招致更多的歧视。

此外,若把社会资源总量暂且视为恒定的,那么,现有的权利义务分配格局必然已对资源的持有进行了边界划分。新式“权利”诉求的确认将意味着打破现状进行资源的再次分配,义务方将由此承担新式的责任使自身利益克减。潜在的义务相对方一旦否定其公平性,即便通过法律强力加以推行,其抵触的倾向也将加大日常生活中新式“权利”行使的难度。比如,环保主义者们积极推动的“动物权”这类权利,要求人们善待和保护动物注意人与自然的和谐发展,这在生态危机全球化的严峻情势下,对生态文明建设有积极的作用。但从现阶段人们的认知水平来看,法律制度的建构是以人为中心的,人本主义的理念根植于大众的意识中,对于动物是否应获得权利主体资格这个问题,社会整体持否定性倾向,因此,“动物权”在相当长时期内是无法被认可的。

(三)赋予权利地位是否是现行法律框架下保障权利的唯一方式

即便一些新式“权利”诉求通过了以上两项标准,既不突破通行的伦理道德底线,也获得相当高的社会认可度,最终也未必能够获得法律权利的形式。立法

〔10〕 高鸿钧:《权利源于主体间商谈——哈贝马斯的权利理论解析》,载《清华法学》2008 年第 2 期。

只将重要的类型化的利益设定为权利。以民事法律为例,某些维护人的自由、平等和尊严而出现的人格利益,如果要构造成具体人格权,可能因缺乏明确的权能而不宜以权利的形式加以保护。因为“从立法技术的角度来看,一项绝对性权利需要具备归属效能、排他效能和典型社会公开性三项属性”。[11] 归属效能意味着主体可以对特定的人格要素予以支配;排他性要求具体权利要有相对清晰的边界——如身体权的权利边界有物理实体的外观,而姓名权和肖像权一类人格权,虽然没有绝对排他性,但权利的核心区域依然具有排他的效能;公开性的意思是权利客体能够被人们通过感官方式或抽象的社会经验加以识别和认知。所以,已故逝者并不具备对人格要素的支配力,法律对其姓名、肖像、名誉和声誉予以保护的方式并非以权利之名进行,[12] 而“生活安宁权”和“视觉卫生权”等“权利”类型,因主体无法对客体进行支配且权利边界无法明晰,作为独立的主观权利内涵不足,司法若欲将之推动塑造成法定权利也比较困难。

但即便难以论证为权利,某些利益诉求在个案中并非完全不能得到支持。一些人格化的利益诉求,依然可以通过恰当的司法策略得以救济。在医院保存的血液、精卵子、待移植的器官作为身体的部分,若遭到破坏或被遗失,利益受损可视为身体权被侵之结果;对他人影像用技术手段恶意涂抹剪裁,在网络上进行传播丑化当事人,无须创设“形象权”来主张利益保护,可以通过对肖像权的扩展解释实现救济。又如“基因权”一类问题,以基因资源、基因信息的存在为基础的具体基因权类型,包括“基因隐私权”“基因平等权”“基因知情权”“基因财产权”“基因公开权”等,在部分国家已通过综合立法或专门立法的形式,从公法或者私法的层面对上述权利形式加以明确。[13] 而在我国现行法律框架体制内,上述具体的

---

〔11〕 刘召成:《论具体人格权的生成》,载《法学》2016 年第 3 期。

〔12〕 《民法总则》第 185 条规定:“侵害英雄烈士等的姓名、肖像、名誉、荣誉,损害社会公共利益的,应当承担民事责任。”此规定并未对死者授予权利,而是基于公共利益对民事主体有损英烈声誉等言论或文艺创作自由进行的必要限制,从而到达维护英烈声誉等目的。

〔13〕 典型如美国 2008 年通过的《反基因歧视法》对保护基因平等、自主和隐私的规定,《法国民法典》对基因权利具体详尽的规定以及比利时《保险合同法》禁止保险基因歧视的规定,这些国家的法律已明确将基因作为法律关系的客体,并维护主体在基因上的各种权益。参见王康:《基因权的私法规范》,复旦大学出版社 2012 年版,第 123 ~ 124 页。

“基因权”类型尚未被构造,但在涉及基因问题的具体个案中,司法机关完全可以通过隐私权、平等权等传统权利的延展保护施展救济。因此,于现行法律框架下,如果相关的利益主张通过司法的能动适用确定法益地位,那么就不一定非论证为权利不可。

在民事领域,《侵权责任法》就提供了对防御性权益的保护渠道。由于《侵权责任法》采取列举具体权利并结合概括性规定作为兜底条款的立法方式,扩大了对权益保护的范围,“赋予法官根据具体案件对非典型人格利益的保护进行个别衡量,以平衡利益保护和行为自由之冲突”。[14] 同时,抽象概括的文字表述决定了成文法体系是一个开放有力的系统,通过法律方法的适用,可以在司法过程中对其法益地位加以确认。多种可供选择的法律解释方法能够使法律条文原本的含义得以延展,而实质推理能够克服形式推理的僵化性,填补法律的漏洞——即便在穷尽具体规则仍于事无补的情况下,法官也可以诉诸法律原则并结合具体案件事实,充分论证对相关利益诉求加以保护的正当性。

(四)新晋权利的公共资源保障是否充分

我国在社会转型期间涌现出大量赋予公民权利的法律,立法机关根据社会治理的需要,通过接纳民意诉求或预设推定进行权利配置企图弥合社会矛盾。权利的享有绝不意味着对公权力进行对抗,权利的许诺如果不想成为空头支票,必然要依靠公权力调动相应的公共资源予以保障,否则权利就只能是抽象的而非现实意义上的。比如,为了确保人们的受教育权,政府需要兴办学校使人们享受得到教育的权利;为了保障平等就业权,必须刺激经济发展以创造就业机会;消费者享有的权利能够得以实现,有赖于政府部门的积极作为,打破垄断消除市场中的不正当竞争行为;而即便是在人们认为不需要政府干预的地方行使所有权、债权和物权等民事权利,背后也需要创设良好的秩序环境确保权利不被肆意侵犯……同时,任何权利必须有救济措施,否则只是形同虚设的存在,所以投入大量司法资源

---

〔14〕 方金华:《一般人格权理论分析及我国的立法选择》,载《法律科学》(西北政法大学学报)2015 年第 4 期。

以使权利得到顺利的施展。“私人领域是由公共行为维持的，事实上是由公共行为创造的。在没有其他公民或政府机关的支持下，即使最独立的公民都不应被要求来寻求他或她的物质福利……权利依赖政府，这必然带来一个逻辑上的后果：权利需要钱，没有公共资助和公共支持，权利就不能获得保护和实施。”〔15〕这是一个常识性的结论，但又是很容易被忽略的一个问题。

正是因为权利消耗和占有公共资源，所以一个国家发展程度越高，人们所享有的权利往往也相对更充分。“由于一个社会或政府用于权利保护的资源总量始终是有限的和稀缺的，基于成本的考虑，权利保护的司法平衡也就必然要涉及资源分配的优先性选择。”〔16〕这种选择使权利冲突在具体个案的衡平中会得出不同的判决结论，也可能使一些诉求在当下不能完全获得承认与支持。任何一项试图得到权利化地位的诉求，如果不是宣言性的，必然需要制度的配套和公共资源的倾斜保护才能确保其具有可行性。

四、结语

在我国，“权利”这一术语从它开始被理解的那一刻开始，便形成了一种独具特色的方式，“对合理欲望的满足、建设一个个人能够得到充分发展的国家以及保护个人发展其人格的能力等问题的关注都在中国话语中占有重要的地位”。〔17〕权利观在推行依法治国方略建设法治国家的政治理念引领下的兴起，表达着人们的愿望以及对法律的期待。但新兴“权利”的法定化取决于多种因素，权利的构建不仅依赖于社会大众对特定“权利”的观念由相对滞后状态进一步走向共识和成熟，还取决于公共政策的选择倾向以及利益的衡量。法律应具备一定的前瞻性，但不意味着盲目地超前，可以充分借鉴国外的实践经验，但应在结合本国国情的基础上考量何种新兴“权利”具有法律保护的必要性，再寻找将其法定化的合理契机。

---

〔15〕［美］史蒂芬·霍尔姆斯、凯斯·R.桑斯坦：《权利的成本——为什么自由依赖于税》，毕竟悦译，北京大学出版社2004年版，第15页。

〔16〕姚建宗：《权利思维的另一面》，载《法制与社会发展》2005年第6期。

〔17〕［美］安靖如：《人权与中国思想》，黄金荣、黄斌译，中国人民大学出版社2011年版，第226页。

体育权的规范虚化与行使困境研究

贾　健*

近年来,体育权概念如同一块具有魔力的“磁石”,吸引了大量体育法学和体育社会学者的目光。认为体育权系人权的有之;[1]认为体育权系宪法规定权利的有之。[2] 认为体育权利入法的任务“应由《体育法》来完成”的亦有之。[3] 还有学者认为,我国的体育权来源于2009年10月1日实施的《全民健身条例》,因为其中明确规定,公民有依法参加全民健身活动的权利。[4] 但本文认为,体育权在我国并没有实在的规范基础,虚化的概念导致体育权观念无法在社会中得到伸张,以致出现很多的体育乱象。对此,我们应该从规范源头着手,有针对性地采取对策,使体育权概念固化并在大众中“生根发芽”,成为融入民众生活中“日用而不知”的权利法则。

---

* 西南政法大学法学院副教授,硕士研究生导师,重庆大学法学院博士后,香港中文大学亚太研究所荣誉副研究员(访问学者)。
本文系2014年度国家社科基金重点项目“依法治国与以德治国的关系研究”(14AZD135);2017年度重庆市博士后特别资助项目“刑罚扩张背景下的公共安全刑法保护问题研究”(Xm2017060);2017年度西南政法大学青年创新团队项目“犯罪化背景下公共安全的刑法保护问题研究”(2017XZCXTD－01)的阶段性成果。

[1] 参见黄世席:《国际体育运动中的人权问题研究》,载《天津体育学院学报》2003年第3期;邓小刚、朱桂莲:《一项国际性人权——体育权的发展》,载《体育文化导刊》2004年第8期。

[2] 参见张志伟:《体育权利宪法属性的法理证成》,载《天津体育学院学报》2013年第5期;姚强:《体育权力宪法属性探析》,载《体育文化导刊》2015年第6期。

[3] 张鹏、戚俊娣:《“体育权利”研究反思与立法选择》,载《天津体育学院学报》2013年第3期。

[4] 参见王岩芳、高晓春:《体育权利诠释》,载《西部法学评论》2012年第4期。

一、实践困境的产生根源:我国体育权规范来源的虚化

(一)国际组织体育宪章中的权利之保障属性的虚化

应该说,体育权从自然法的角度,确实属于个人不可剥夺的基本权利,联合国教科文组织和国际奥委会等国际组织对此也予以了承认,例如,1996年7月,国际奥委会修订的《奥林匹克宪章》中,即在基本原则部分增加了一条规定:“从事体育运动是一项人权。每个人都有能力根据自己的需要进行体育运动。”而1978年联合国教科文组织颁布的《体育教育和体育运动国际宪章》第1条也明确规定:“所有人都有发展全面人格所不可缺少的参加体育活动的基本权利。”但正如自由主义大师哈耶克所言:“‘权利’这个名词含有这样一种意思,即每项正当的个人行为规则都会创生一项相应的个人权利……大凡在人们为了强制实施行为规则而建构起了诸如政府这类组织的地方,个人都有正当的理由要求政府对他的权利进行保护并且对他所受到的侵犯作出补偿。”[5]我国的主流观点也认为,权利属性中的一个重要特征即是获得法律的认可和保障。[6] 即是说,权利之所以成为权利,必须具有罚则作为保障。上述《奥林匹克宪章》和《体育教育和体育运动国际宪章》均缺乏这一罚则作为保障,事实上,限于国际组织宪章的性质,也不可能规定对侵犯体育权行为的罚则。另外,就该宪章的国内法转化而言,如下所述,也同样缺乏罚则的保障。这样的体育权概念充其量只是自然法意义上的权利,而无法“落地”成为真正具有保障性实现的权利。

(二)我国宪法条款中体育权规定的边缘化

我国《宪法》中涉及体育内容的主要有两个条款。一是《宪法》第21条第2款规定:“国家发展体育事业,开展群众性的体育活动,增强人民体质。”二是《宪

〔5〕[英]哈耶克:《正义:法律与权利》,邓正来译,载《环球法律评论》2001年第1期。

〔6〕参见范进学:《权利概念论》,载《中国法学》2003年第2期。

法》第46条第2款规定:"国家培养青年、少年、儿童在品德、智力、体质等方面全面发展。"本文认为,从这两款的规定中无法正面推导出具体的体育权概念。或者说,宪法规范对于体育权概念的规定并非起到充分之确定程度。首先,这两款规定的性质更多的是一种纲领性的条款,其起到的是政策性的宣言作用,缺乏规范性和罚则的保障。虽然我们从中可以得知宪法鼓励正当体育运动的开展,但这一正当体育运动的何种侧面才是宪法首要关注的这一问题并不清楚,即是说,无法显示出体育权的具体样态。其次,第21条第2款规定并非处于《宪法》第二章的公民基本权利部分,而第46条第2款虽然属于基本权利的范畴,但只限于青少年这一特定人群,且"体质"一词语焉不详,并不限于体育的范围,也可以指医疗卫生意义上的身体健康。另外,"增强体质"更多的是由民众自身的意愿所决定的日常生活事实。如果认为"增强体质"也是一种权利的话,那么某种意义上,正如有学者所言的,体育权是如同亲吻权、送葬权和悼念权一般,在权利泛化语境下提出的一项"权利"。[7] 最后,这两款规定更多的是给出了国家积极行动的原则框架,其既没有在宪法中,也没有在落实宪法的下位法(如下所述)中规定制裁规范,进而划定强制性和禁止性的保护界限。因此,不能称之为一项实在性的权利。正因如此,有学者认为根据宪法"未列举基本权利理论",体育权可谓我国宪法上一项"半真正未列举权",应予保障。[8] 但所谓的"半真正未列举权",也正是上文中所言的自然法意义上的权利,或者说,我国宪法中的体育权是一种边缘化的权利。

(三)《体育法》中体育权利的软化

2016年11月修订的《体育法》是除《宪法》以外,我国最高位阶的体育法律规范。但遗憾的是,《体育法》中的体育权规定也存在过于软化的问题。具体来说,第一,《体育法》中没有明确规定具体的体育权种类,例如,在学校体育中哪些主体可以享受哪些权利,在社会体育中哪些主体可以享受哪些权利等,这种模糊的

---

〔7〕 杨腾:《体育权:权利泛化语境下的虚构概念》,载《武汉体育学院学报》2014年第6期。

〔8〕 高景芳:《论公民体育权的宪法属性——一个"半真正未列举权"的视角》,载《武汉体育学院学报》2016年第8期。

规定使体育权利在行使过程中难以得到有效的保障。第二,即使认为《体育法》中的相关地方政府应当履行的义务条款系公民体育权的规定,但由于只是原则性的规定,导致即使存在违反义务的情况,权利人也无法将之诉诸司法机关寻求救济。例如,《体育法》第12条规定:"地方各级人民政府应当为公民参加社会体育活动创造必要的条件,支持、扶助群众性体育活动的开展。城市应当发挥居民委员会等社区基层组织的作用,组织居民开展体育活动。农村应当发挥村民委员会、基层文化体育组织的作用,开展适合农村特点的体育活动。"实际上,如果地方政府违背"应当"做的义务,并没有开展或支持开展相关的体育活动,公民也无从寻求法律的救济。第三,虽然《体育法》第七章中规定了法律责任,但要么规定的是竞技体育运动参与人违反应履行的义务时的罚则(第47条、第48条、第49条);要么是对侵占、破坏公共体育设施,寻衅滋事、扰乱公共秩序,挪用、克扣体育资金的处罚(第50条、第51条、第52条),上述条款均不是为了维护公民体育权而设置的罚则。

(四)《全民健身条例》中的体育权规定的问题

国务院于2009年8月19日公布的《全民健身条例》(以下简称《条例》)第4条虽然明确指出:"公民有依法参加全民健身活动的权利;地方各级人民政府应当依法保障公民参加全民健身活动的权利。"这较《宪法》和《体育法》的规定确实更具体和明确,但同样不能认为,我国的体育权的概念要仰赖《条例》的规定。具体而言,第一,《条例》中关于体育权的规定之主体和内容过于狭窄,只限于社会体育和学校体育中的全民健身方面,且权利人能够享受的权利内容较少,例如,《条例》第12条规定:"县级以上人民政府体育主管部门应当在全民健身日组织开展免费健身指导服务。公共体育设施应当在全民健身日向公众免费开放;国家鼓励其他各类体育设施在全民健身日向公众免费开放。"该条对民众来说,确实是一项具体的体育权利规定,但只在健身日免费开放,不得不说,其象征意义大于权能的实用性。第二,有些权利事项可谓既是权利,又是义务,例如,《条例》第21条规定:"学校应当按照《中华人民共和国体育法》和《学校体育工作条例》的规定,根据学生的年龄、性别和体质状况,组织实施体育课教学,开展广播体操、眼保健操等体育活动,指导学生的体育锻炼,提高学生的身体素质。学校应当保证学生在校期间每天参加1小时的体育活动。"换言之,学生有义务进行广播体操、眼保健操等体育活动,且每天应参加1小时的体育活动。第三,在《条例》第五章的法律责任部分,只对学校体育中的权利相对人,即学校违反本条例的罚则作了规定,其第39条虽规定对于县级以上人民政府及其有关部门工作人员在全民健身工作中玩忽职守、滥用职权、徇私舞弊的行为,要依法给予处分;构成犯罪的,要依法追究刑事责任。但实际上,我国刑法中的玩忽职守罪、滥用职权罪和徇私舞弊罪均需要"致使国家、公共财产、国家和人民利益遭受重大损失"才能成立犯罪。而综览《条例》,一方面,县级以上人民政府体育主管部门应该履行的职责大多数是原则性规定;另一方面,即使是较明确的"应当"型规定,我们也很难对违反该规定所造成的损失予以量化。例如,如果不在全民健身日开展免费健身指导服务,究竟如何量化其损失?这几乎是不可能完成的工作。因此,本文认为,《条例》限于自身的规定范围和法规订立的技术缺陷,难以成为我国体育权概念和体育权体系的规范来源。

二、体育权虚化导致的权利行使困境

"体育权"概念在我国的规范性阙如与疲软,所导致的直接后果之一就是社会生活中的体育权行使之诸多乱象,具体而言如下。

(一)民众体育权利意识和维权意识弱

根据2014年的一项调查显示,在随机抽取的1000名大学生中,有90%以上的大学生对体育权利的概念模糊,更不知道体育权利的具体细节内容。[9] 而根据笔者在C市H小区的小范围调研,在所调查的20户共46人中,有95%以上的

〔9〕 马东风:《大学生体育权利认知现状分析》,载《体育时空》2014年第5期。

居民第一次听说体育权利，不知道其是什么意思，只有2名从事教育行业的被调查者指出，体育权利就是在体育方面所享受的权利，这一形式上的定义虽不能说是错的，但认知度也接近于零。在回答"你认为哪些行为是在行使体育权利?"这一问题时，大多数被调查者认为，自己决定什么时候锻炼身体、怎么锻炼身体应该是一种体育权利。这一直观的回答，某种程度上代表了社会大多数人对体育权利的认知。在回答"你遭受过哪些你认为是体育权被侵害的事例? 你又是如何解决的?"的问题时，有被调查者回答道："我们小区以前在坝子上摆放了一张乒乓球桌和几个简单的健身器材，现在乒乓球桌被拆了，健身器材有的被拆了，有的锈迹斑斑，早就坏了也没人修，另外，一到下午下班的时候坝子上就停满了车，我们想锻炼也没法锻炼"，"我们也没得办法解决，平时忙想不起这事，也不晓得找哪个去管"(公司职员，32岁)。还有被调查者指出："我们平时想踢球没得场地，想去旁边的中学、大学操场踢球，门卫不让我们进去，只能去私人开的场地，一场球下来收费也不是小数"，"政府要能开辟几块场地给我们踢踢球就好了，但是这估计难办到"(汽车修理厂职工，28岁)。

应该说，这种认知状况是意料中的，因为"体育权"概念和体育权体系本来就在我国法律法规中没有得到明确的体现，但上述体育权利被侵害却是真实的事例。我国《条例》第30条规定："公园、绿地、广场等公共场所和居民住宅区的管理单位，应当对该公共场所和居民住宅区配置的全民健身器材明确管理和维护责任人。"第28条第1款规定："学校应当在课余时间和节假日向学生开放体育设施。公办学校应当积极创造条件向公众开放体育设施；国家鼓励民办学校向公众开放体育设施。"但一来，社区居民对《体育法》的这些规定根本不了解；二来，即使知晓，但因为《体育法》中本来就没有规定相关的维权途径和罚则措施，导致难以有效地依据《体育法》开展维权活动。

(二)滥用体育权现象突出

近年来出现的“广场舞冲突”“暴走团冲突”[10]正是对体育权的权能发生认知错误、滥用体育权的表现。在这些事件中,有当事人认为,既然别人可以在场地上打篮球,那他们就可以在上面跳广场舞,都是锻炼,为什么只允许他们打球,而不允许自己跳舞呢?[11] 这些问题一方面反映出体育设施的匮乏,但另一方面也反映出体育权被滥用的现实。笔者认为,滥用体育权现象所造成的冲突可以分为3种类型:一是为了保护自身的体育权或基于其他动机,而妨害其他群体体育权行使的情况,前者如跳广场舞者争占篮球场;后者如乱停车侵占体育场地或泄愤破坏体育设施;二是侵害他人其他类型权利的情况,例如,广场舞扰民侵扰他人休息权;三是危害公共安全和公序良俗的情况,例如,“暴走团”上高速公路危害公共交通安全的示例以及球场上的“国骂”。从微观上来看,这三种滥用类型的发生原因、治理手段和对策虽各有不同,但就宏观角度而言,无疑都与体育权的内涵、边界不清晰有关,从性质上看都属于滥用体育权的行为。

(三)体育权的实现渠道不完善

党的十九大报告指出,在当前,我国社会的主要矛盾已转变为人民日益增长的美好生活需要和不平衡不充分的发展之间的矛盾。不得不说,当前体育权的实现渠道无论是在“硬件”还是“软件”层面,均存在不完善之处,这与民众对体育文化的需要之间存在较大的矛盾,这无疑给体育权的行使带来了障碍。前者突出表

---

〔10〕 2017年7月8日清晨,山东临沂一出租车司机因操作不当,开车冲进“暴走”队伍,造成一死两伤。同年8月18日晚,江苏南通一个近百人的“暴走团”在过马路时,因为一辆公交车没有及时让路,团里几名男子竟围殴公交车司机。他们从窗外向司机扔烟头、破坏车辆的雨刮器,还动手殴打致对方牙齿被打断一颗,嘴角缝了8针。参见《暴走团变暴打团? 江苏公交车司机没让路遭围殴暴打》,载凤凰网:http://news.ifeng.com/a/20170821/51702274_0.shtml,最后访问日期:2019年3月1日。

〔11〕 2017年6月,一段河南广场舞大爷大妈与打篮球的年轻人起冲突的视频在网络上热传。视频中,双方争执不休,最后还大打出手,年轻人被围殴。6月12日晚,南京也发生了一起跳广场舞的阿姨和打篮球的年轻人起冲突的事件。不过,在当地警察和居委会的调解下,事情得到了较圆满的解决。参见《又一起! 南京广场舞大妈和打篮球小伙起冲突警察出动》,载腾讯网:https://news.qq.com/a/20170615/020088.htm,最后访问日期:2019年3月1日。

现在我国公共场所和居民住宅小区体育场地设施的严重不足,后者体现在侵犯民众体育权的救济途径不明晰。根据国家体育总局于2016年5月5日发布的《体育发展"十三五"规划》规定,"'十三五'期间,我国将……努力实现到2020年人均体育场地面积达到1.8平方米的目标"。但以重庆市梁平区为例,截至2017年年底,全区人均体育场地面积才达1.2平方米。[12] 事实上,如果考虑到体育场地被随意侵占的现实,这一标准会更低。而就侵犯民众体育权的救济途径不明晰的问题而言,如上所述,无论是《体育法》还是《条例》中都没有相关的规定,这导致权利被侵害者只能求助于民事、刑事和行政诉讼等途径,但这些现有的救济途径只限于侵犯他人其他类型权利和侵害公共利益的情况;而对于侵犯他人体育权的违法类型,体育权本身规定的模糊性,导致即使按照现有的诉讼路径,也很难得到有效的权利救济。

(四)受社会、经济等因素的制约,怠于行使权利的现象突出

除了对体育权的认知不到位的原因以外,受社会固有观念和经济压力等状况的影响,导致民众怠于行使体育权的现象目前非常突出。根据笔者对C市H小区的调研,有务工人员谈道,"每天早上出门,到了晚上7、8点才到家,累的动都不想动,根本没得精力去锻炼"(快递员,27岁)。有中年女性谈道,"以前年轻的时候,还经常去迪厅蹦一下,现在到了中年,也不好意思跟一帮小青年去蹦了,又还没到跳广场舞的年龄,再说,现在结婚了,整天在外面跳舞,影响也不好,就只好算了"(超市售货员,38岁)。还有公司职工谈道,"确实想出去踢球,但一是现在去私人场地太贵,二来上有老下有小,根本没有闲钱和精力去踢"(公司职工,34岁)。应该说,是否行使和如何行使体育权利是个人的自由问题,但并不意味着政府体育主管部门没有义务去排除影响居民体育权行使的障碍,积极创造条件引导居民去积极行使自身的体育权利。

---

[12] 栗园园:《梁平人均体育设施占有面积达1.2平方米》,载《重庆日报》2017年10月28日,第10版。

三、体育权实现的法治对策

(一)明确将体育权写入宪法及其下位法律法规,完善体育责任条款

如上所述,当前体育权行使的诸多乱象,从本源上说,与我国体育权的规范根基不明确具有直接关系,正如有学者所言:"体育权利学说应该放弃泛道德化的大词哲学,以可操作的实体规范替代权利话语。"[13]本文赞同这一观点,体育权的规范来源必须予以具体化、实质化并具有可执行性的特征。对此,需要指出的是,第一,在我国《宪法》第二章"权利与义务"中明确写入针对全体国民的"体育权"概念,而不是像目前一样只在第46条第2款中针对"青年、少年、儿童"这一特殊群体所规定的发展体质的权利。在《体育法》中不但要明确体育权的概念,还要针对不同的主体写明并细化体育权的类型。第二,必须明确体育责任条款,规定侵犯他人体育权利以及政府主管部门怠于行使职权所应承担的法律责任及其纠纷解决程序,以真正对公民的体育权起到后盾性的保障作用。就此而言,有必要对当前《治安管理处罚法》《行政法》《刑法》中的相关内容作出适当修改补充,否则,要么会出现体育责任条款虚置的情况,要么会在《体育法》中出现超越现行《行政法》和《刑法》规定的情况,破坏法律秩序的统一性。第三,必须及时制定下位的规范性文件,具体落实《宪法》和《体育法》中的权利条款。例如,虽早在2009年《条例》中就有"公办学校应当积极创造条件向公众开放体育设施……县级人民政府对向公众开放体育设施的学校给予支持"的规定,但直到2017年2月3日教育部和国家体育总局才联合下发了《关于推进学校体育场馆向社会开放的实施意见》,对《条例》中的相关内容究竟如何落实作了细化规定。且从目前来看,该实施意见中的一些规定仍显粗糙和原则化,"可以型"的表述较多,这些均有待各地政府体育主管部门和各学校出台更细化和明确的地方规章和内部规定。

---

〔13〕 董兴佩:《论行政立法的公众参与机制》,载《学术交流》2004年第2期。

(二)加强宣传力度,唤醒民众的体育权利意识

权利如果一直未被认识到,则无异于没有权利。政府体育主管部门应加强对体育权的宣传力度。一是在明确体育权范畴的基础上,扩大民众的受益事项和范围,特别是针对民众有迫切需要和特殊需求的事项。例如,由于久坐、体力活动不足等导致的肥胖问题目前非常普遍,能否在下位规范性文件中规定"政府提供减肥健身指导"等诸如此类的义务条款;针对残障人士、农民工等特殊群体,规定"政府和雇佣单位有义务保障方便适用的体育场地、设置和指导供给",这种精准的体育权立法无疑会大大提升民众的体育权意识,使民众的体育权益获得感更强。只有这样,民众才能真正重视生活中的体育权。二是在制定相关体育法律法规时,要广开言路,创设和完善正式(如听证程序等)和非正式(如征求意见程序等)的民众立法参与机制,这有助于提高体育行政立法的合法性和社会效益,[14]且公众参与行政立法有助于公民体育基本权利的明确化并使之获得最切实的保障。三是要宣传到社区甚至宣传到户,将民众应当享受的体育权利明确列出,并公布权利受侵害时的便捷投诉与救济渠道。四是针对特殊群体,例如,残障人士、农民工群体和中小学学生群体等,开展有针对性的宣传,唤醒其行使和维护自己的体育权的意识和信心。

(三)政府体育主管部门应积极履行职责,加大保障力度,做好配套建设

这涉及两方面的工作。一是免费公共体育硬件设施的建设要到位。对于公共场所和社区中的体育设施维修和更新应及时,不但要努力达到《体育发展"十三五"规划》中规定的人均体育活动场地的标准,更要对场地中的体育设施的品质和种类进行更新换代,以保证民众享有更高标准的体育权利。

二是软件配套要跟上。不但要保障现有软件配套的具体落实、切实生效,例如,《条例》第31条中规定"国家加强社会体育指导人员队伍建设,对全民健身活

〔14〕 参见张健:《体育权利研究的限度与转型》,载《成都体育学院学报》2017年第1期。

动进行科学指导”。但这一工作在很多地方仍属于民间自发的行为，地方体育主管部门的指导义务缺位现象较严重。另外，软件配套的另一重要表现是体育主管部门要经常深入社区，与街道居委会、公安机关一起开展体育纠纷调解和确权工作。例如，对于诸如广场舞侵占篮球场之类的不同体育权行使内部的冲突，体育主管部门应根据体育设施的建设目的、不同群体享受该设施的受益率、时间段的效益率大小等因素做好权利分配工作。同时，还要积极联合其他单位，创造更多场地资源，为不同群体的体育权行使创设条件。而对于诸如暴走团上路等侵犯公共利益的行为，体育丰管单位在积极配合公安机关查处的同时，要向民众表明该种行为的违法性质，做好预防工作。

死刑之人道性:人权法教学中的一个疑难问题

尚海明*

自2009年以来,中国政府先后发布了3期《国家人权行动计划》,提出"推进人权法教材的编写以及教学课件的开发""支持高校开展人权通识教育"等计划。《国家人权行动计划》为各高校开展人权教育提供了政策依据,自此,众多高校开始开设人权课程。这其中,死刑问题被认为生命权保障中的重要内容,也是人权法学的重要议题,而如何在人权法教学中有效讲授死刑与人权之关系成为一个难题。在人权法教学中,应在充分反思西方国家在人权观念上的文化帝国主义倾向和外交政策上的霸权主义主张的基础上,对死刑与人权关系有一个准确认知。

一、人权法教学中的普遍人权理念

自第二次世界大战结束以来,人权逐渐成为欧洲社会反对死刑的最重要武器。欧盟国家的死刑废止观念建立在这一信念之上:死刑是残忍的、不人道、有辱人格的,侵犯了《欧洲人权公约》和《世界人权宣言》所载基本人权,尤其构成对其中人的尊严与生命权的侵犯。在欧洲范围内废除死刑是欧洲保护人类尊严和人权的最大进步。[1] 并且,欧盟国家相信,生命权是人之为人的基本权利,生命权

---

* 西南政法大学人权研究院讲师。
本文系重庆市教委科学研究项目(KJ1701003)的阶段性成果,同时受2016年重庆市社科规划博士和培育项目"死刑侵犯人权论之反思"(2016BS041)资助。

〔1〕 参见[德]汉斯－约格·阿尔布莱希特:《欧洲的死刑制度》,载赵秉志主编:《刑法论丛》(第2卷),法律出版社2010年版,第29页。

不可剥夺观念并非欧洲社会的自有知识,而是一种普世性观念。对此,以欧盟为主导的国际反死刑力量不遗余力地在全球范围内宣传、普及与推行其人权理念及人权标准,试图以此影响死刑保留国家的死刑政策,促使仍保留死刑的国家废止死刑或者至少减少死刑适用。这样一种普遍人权理论也影响了中国的死刑研究与人权教育。[2]

在国内死刑研究中,死刑废止论者往往从死刑的不公正性、无效益性、不人道性和侵犯人权,以及死刑废除的规律性和历史趋势角度对死刑废除进行论证,这其中,人权是死刑废止论者最重要的理论资源。[3] 如邱兴隆教授便指出,"生命是人的一切权利的载体,因而是人至高无上的权利。生命的丧失意味着人的一切终结。其所有权利都随之丧失或无法再行使"。[4] "只要我们承认罪犯是人,他便拥有不得剥夺的作为一种普遍人权的生命权。而无论是作为一种功利的选择还是作为一种合乎逻辑的选择,立足于人权保护而废止死刑,都不会是一种非理性的选择。"[5]邱兴隆教授认为,生命权是犯罪人不可剥夺的基本人权,基于对犯罪人生命权的保障,废除死刑是一种理性选择。相比之下,多数主张废除死刑的刑法学者并未明确提出死刑侵犯人权,而是从刑罚人道性角度入手,采用了一种相对折中的方式阐述死刑废除理念。

如胡云腾指出,死刑是一种既具有效益性又具有公正性的刑罚,却是一种不具有人道性的刑罚。刑罚是否人道关键在于是否剥夺犯罪人的基本权利。如果

---

[2] 在近年来国内的死刑存废论争中,部分学者主张,死刑并不侵犯人权,死刑是一种具备充分合法性的刑罚制度,但这一观点在国内并非主流。如陈永鸿教授指出,中国的死刑存在正当合理的现实基础,从"死刑侵犯人权""死刑不人道"的视角来论证废除死刑的必要性根本行不通。参见陈永鸿:《一个理论的误区:死刑侵犯人权》,载《法学评论》2006 年第 6 期。王世洲教授指出,废除死刑以保护行为人的人权的说法,并不符合人们的一般认识和公认的专业理论,也不符合一般的国际标准。参见王世洲:《关于中国死刑制度的反思》,载《北京大学学报》(哲学社会科学版)2004 年第 3 期。李世安指出,死刑是社会的产物:为了保卫个人和整个社会的人权,保护国家和社会的安全,国家需要设立死刑。死刑的设立与人权并不矛盾。参见李世安:《略论死刑与人权》,载《中国人民大学学报》2008 年第 3 期。

[3] 在死刑废止论者看来,人道性是刑罚之首要的价值,即便死刑具有公正性与效益性,也应让位于刑罚的人道保障,死刑的不人道性是废除死刑的终极原因。

[4] 参见胡云腾、张金龙、邱兴隆:《〔死刑问题三人谈〕之三——生命的呼唤死刑人道诘》,载《中国律师》1998 年第 12 期。

[5] 参见邱兴隆:《死刑断想——从死刑问题国际研讨会谈起》,载《法学评论》2004 年第 5 期。

承认生命权是犯罪人的基本人权,承认犯罪人是人,则死刑必然会面临不人道的指责。胡云腾进而指出,人道性是刑罚之首要的价值,废除死刑,是实现作为刑罚之首要价值的人道性的唯一可作的选择。[6] 胡云腾并未直接论证死刑因侵犯人权而应当废除,而是从刑罚人道性的角度出发,指出死刑因剥夺犯罪人生命而无可避免地具有非人道性。而人道性又被认为是刑罚之首要价值,因此,死刑最终应当被废除。赵秉志教授同样从死刑人道性角度论证死刑废除。赵秉志教授指出,关于死刑存废的功利、人道之争由来已久,但从现代国家死刑废止的趋势看,人道性无疑是当代全球各国死刑废止最重要的根据。他进一步指出,第二次世界大战后的人权法理论和人权公约为死刑废止提供了一种新思路,即死刑因侵犯了公民的生命权及免受不人道处罚的权利而应当废止,这是国际社会废除死刑的重要根据。伴随中国人权意识的觉醒,民众人权观念的提升会为中国死刑废止提供必要的空间。因此,中国应当高举人道大旗,将人道性作为中国死刑改革,乃至死刑废止的最主要根据。[7] 赵秉志教授同样没有用人权理念否定死刑之正当性,而是指出死刑因剥夺生命权而具有非人道性,进而主张渐进性废止死刑。事实上,死刑的人道问题最终还是回归人权问题,只是以一种更平和的方式呈现出来。

当下中国,死刑侵犯人权和死刑不具有人道性已成为死刑废止论者最重要的理论武器。死刑废止论者主张,生命权是人之基本人权,只要承认犯罪人是人,死刑便不可避免地侵犯了犯罪人的人权,或认为死刑将因为剥夺生命必然面临不人道的指责。[8] 相比之下,国内近年来先后出版的十余部《人权法学》教材在死刑

---

〔6〕 参见胡云腾:《存与废:死刑基本理论研究》,中国检察出版社2000年版,第191页以下。

〔7〕 参见赵秉志:《当代中国死刑改革争议问题论要》,载《法律科学》(西北政法大学学报)2014年第1期。

〔8〕 对于这种来自西方的人权理念,死刑废止论者并未给予充分反思,而将其认定为一种普世观念,借助人权观念批评中国的死刑文化与死刑实践。进而认为,在中国实现死刑早日废除的一个重要措施就是提升中国人的生命权意识,作为法学工作者,尤其是刑法学者,有责任要弘扬这种社会意识,使之逐渐成为主流社会意识,引导民众确信:没有什么价值比生命更珍贵。参见曲新久:《推动死刑废除:刑法学者的责任》,载《法学》2003年第4期。

与人权关系问题上态度相对多元。[9] 这其中,杨成铭版《人权法学》教材对死刑持否定态度。该教材指出,死刑保留论在现代社会面临着越来越多的挑战,限制并最终废除死刑,已成为中国大多数学者所接受的观点。中国目前已经签署了《公民权利和政治权利国际公约》,并处于加入该公约的准备阶段,理应从中国实际出发,逐步缩短国内法与该公约限制死刑态度之间的差距。在中国实现废除死刑的理想,应从严格限制死刑的适用开始,逐步过渡到全面废除死刑。[10]

相比之下,部分人权法学教材对死刑废止理论持保留态度。如王广辉版《人权法学》教材指出,国际社会死刑废除争论的核心是围绕生命权展开的,又介绍了"生命神圣说""自然权利说""基本权利不可剥夺说"三种死刑废除主张,并指出,死刑存废是一个充满争议的问题,是否废除死刑必须结合每一国家的具体状况。[11] 朱力宇版本的《人权法学》教材指出,自贝卡利亚首次提出废除死刑起,人们开始重新评估死刑的功能与价值,并将死刑与人权联系起来。从全球范围来看,生命权的保护愈来愈成为国际社会治理追求的目标,但死刑存废不能停留于抽象的概念,必须结合一国的实际情况。从当代中国的现实条件来看,很难说从法律上废除死刑的社会条件已经成熟,限制并理性地适用死刑仍然是我国刑事政策的基本目标。[12] 此外,部分教材没有对死刑与人权问题表示明确态度。如白桂梅版的《人权法学》教材,从国际人权公约的角度对生命权内涵进行了解释,并对《公民权利和政治权利国际公约》及其任择议定书有关死刑的限制性规定进行了介绍,但并未讨论中国的死刑问题。[13] 张永和教授主编的《人权之门》教材将

[9] 具体包括杨成铭主编的《人权法学》(中国方正出版社 2004 年版,高等政法院校通用人权法教材)、关今华的《人权保障法学研究》(人民法院出版社 2006 年版)、李步云主编的《人权法学》(高等教育出版社 2005 年版,普通高等教育"十一五"国家级规划教材,并在 2008 年出版了配套案例教材《人权案例选编》)、南京大学法学院杨春福的《人权法学》(修订本,科学出版社 2011 年版)、方立新与夏立安编著的《人权法导论》(浙江大学出版社 2007 年版)、徐显明主编的《人权法原理》(中国政法大学出版社 2008 年版)、白桂梅主编的《人权法学》(北京大学出版社 2011 年版)、张晓玲主编的《人权法学》(中共中央党校出版社 2014 年版,中央党校学位研究生教材)、王广辉的《人权法学》(清华大学出版社 2015 年版)、张永和主编的《人权之门》(广西师范大学出版社 2015 年版)和朱力宇主编的《人权法》(中国人民大学出版社 2017 年版)。

[10] 参见杨成铭主编:《人权法学》,中国方正出版社 2004 年版,第 124 ~ 126 页。

[11] 参见王广辉主编:《人权法学》,清华大学出版社 2015 年版,第 155 ~ 157 页。

[12] 参见朱力宇主编:《人权法》,中国人民大学出版社 2017 年版,第 125 ~ 127 页。

[13] 参见白桂梅主编:《人权法学》,北京大学出版社 2011 年版,第 91 ~ 94 页。

死刑问题的讨论放置于人权司法保障部分,并讨论了中国司法体系中的死缓制度与死刑复核制度的人权价值,并没有明确讨论死刑与人权之关系。[14]

与学术界主流观点主张废除死刑不同,国内主流人权法学教材没有完全采纳死刑废止理论,但仍可看到西方人权理论对国内人权法教材编写与人权法教学的影响。在上文考察的多本人权法学教材中,除杨成铭版教材主张限制并废止死刑外,多数教材对死刑废止理论持保留态度。笔者认为,这一部分教材虽然认为死刑制度的存在具有合理性,但并没有对中国的死刑问题给出一个合理解释。换言之,它们虽然并不支持死刑废止理论,但并未正面回应普遍人权理论有关死刑侵犯人权的指责,对中国国情特殊性的解释也不充分。部分教材更是对此问题采取模糊处理的方式,没有对死刑与人权关系问题进行讨论。这样的回避或者模糊处理方式表明,中国的人权法教学并没有完全摆脱西方死刑废止理论的影响,仍无法对处于强势地位的西方人权理论予以有效回应。

二、普遍人权理念的地方性知识本质

"人权不是天赋的,而是历史地产生的",[15]任何权利观念的产生都与特定的文化、历史传统和社会习俗相关联。如对死刑废止论中的普遍人权主张进行考察,可发现西方普遍人权观的逻辑起点是关于共同人性的设定。西方人权理论主张,每个人都具有相同的人性,具有共同人性的人只要一诞生,就有超越文化、超越国家和民族应该享有的人权,这些人权是普遍的,不因时间、地点的变化而改变。[16] 这样一种共同人性的预设与近代西方启蒙运动后所形成的强调人性平等的自然人性观存在密切关联。[17] 自然人性观是西方普遍人权理念的人性基础,

〔14〕 参见张永和主编:《人权之门》,广西师范大学出版社2015年版,第299~300页。

〔15〕 参见《马克思恩格斯选集》(第2卷),人民出版社1957年版,第146页。

〔16〕 参见熊万鹏:《人权的哲学基础》,商务印书馆2013年版,第7页。

〔17〕 与道德人性观从人的道德属性角度理解人性进而强调人之德性差异不同,自然人性观从人的自然属性出发理解和把握人的本质,强调人自然欲求的正当性并证成了人性的普遍性。参见赵明:《近代中国的自然权利观》,山东人民出版社2003年版,第6页。

这一人性观念是伴随西方从古典到现代的“人”之观念的转变而产生的。要还原死刑存废讨论中普遍人权理念的“地方性知识”本质,就需要厘清西方文化中人性观念的流变历史。

强调理性与美德是西方古典政治哲学的重要特征。在柏拉图看来,人的灵魂由理性、激情与欲望三部分组成。一个正义的人让其灵魂的各部分彼此和谐,而各部分和谐相处要求理性在激情的帮助下控制欲望。相反,如果人在选择自己行为方式的过程中仅以激情、欲望支配自己,那人的本性便会倾向于自私与贪婪。欲望虽然也是灵魂的组成部分。但柏拉图强调欲望的消极作用,认为欲望应当服从于理性的统治。亚里士多德同样强调人类“志趋良善而有所成就,成为最优良的动物”。[18] 在亚里士多德看来,人是政治动物且应当在城邦中获得完善。“政治共同体的共同行为,不是出于动物式的本能,而是建立在友爱培养的共同伦理生活。”[19]城邦的存在不仅是让人实现共同生活,而是使人的幸福生活成为可能,在共同生活中培养人的善与正义。在西方古典政治哲学中,人的灵魂与身体处在一种紧张对立关系中,人们推崇高贵的灵魂,而不认为肉体生命自身具有高贵性,单纯追求欲望满足的生活只是最低级的生活。在此基础上,古典思想以德性为标尺,强调人的差异性。在柏拉图的理想国中,清晰地存在三个社会等级,即最优秀的哲学家、勇敢的护国者以及大多数的下等人。在柏拉图看来,人应当根据德性能力的不同而居于不同的位置,德性较低之人要接受德性高贵者的统治。亚里士多德同样区分了享乐的生活与善的生活,认为只求活着而不求善的生活无异于动物的生活。[20]

伴随罗马帝国的覆灭,基督教在欧洲广为传播,成为欧洲社会最主要的宗教形式,基督教的传播改变了西方思想史上有关“人”的观念。与古典政治哲学强调高贵的灵魂而贬抑身体不同,基督教强调人的神圣性,包括身体之神圣性。在奥古斯丁看来,人的灵魂与身体都是高贵的。灵魂之所以是神圣的,是因为它是

〔18〕 参见[古希腊]亚里士多德:《政治学》,吴寿彭译,商务印书馆1965年版,第9页。
〔19〕 参见李猛:《自然社会:自然法与现代道德世界的形成》,生活·读书·新知三联书店2015年版,第57页。
〔20〕 参见[古希腊]亚里士多德:《尼各马可伦理学》,廖申白译注,商务印书馆2003年版,第11页。

上帝的像,无论善恶,都改变不了这个事实;而身体之所以是神圣的,是因为上帝造的身体不能对自己的欲望负责。[21] 基督教虽然否定身体的欲望,却认为身体并不能为欲望负责,而强调身体超越善恶的神圣性。同时,基督教神学否定了人借助理性追求至善的可能性。按照奥古斯丁的说法,上帝创造了人类始祖亚当,亚当却因为偷食禁果而遭受惩罚。不仅如此,亚当把罪遗传给了他的后代,这便是人出生即有的“原罪”。原罪败坏了人的本性,注定了作为亚当子孙的全体人类的邪恶本质、必死命运和苦难遭遇。与古典思想认为人可以利用自身之理性追求德性生活不同,奥古斯丁指出,人不能依靠自身获得拯救,而只能寄希望于上帝的救赎。上帝在创世之初便预定了哪些人将得到拯救,哪些人将受永罚,人类只能心悦诚服地接受这一结果,而无法改变这一结果。在此,基督教文明中孕育出了一种去道德化的平等人性观。这种去道德化的平等人性观既表现为所有人都因为是上帝的子民而具有神圣性,也表现为所有人都因为是亚当的后代而具有无法摆脱的罪。在上帝面前,所有人都是无差别的子民,“并不分犹太人,希腊人,自主的,为奴的,或男或女;因为你们在基督那里都归为一了”(《新约·加拉太书》3:28)。人与人之间的德性差异被否定,仅因为是上帝的子民而平等。

此后,启蒙运动导致了基督教神权的衰落,人的主体地位得到进一步彰显,而人地位的上升建立在启蒙思想家的自然人性观上。从霍布斯关于自然人性的理解中,我们便能一窥西方文化中的人性观变化。[22] 霍布斯首先批评了亚里士多德的人性学说。他指出,认为人天生是政治动物这条公理,尽管为多数人所接受,却是假的,其错误在于对人的本性过于肤浅的理解。霍布斯进而指出,“我得出了两条关于人性的绝对肯定的假设。一条是人类贪婪的假设,它使人人都极力要把

---

〔21〕 有关奥古斯丁神圣的灵魂与神圣的肉体之讨论,参见吴飞:《自杀与美好生活》,上海三联书店2007年版,第107页以下。

〔22〕 如施特劳斯所言,近代政治哲学之父是霍布斯,而不是任何其他人,因为他以一种前无古人、后无来者的清澈和明确,使“自然权利”成为政治哲学的基础。参见[美]施特劳斯:《霍布斯的政治哲学》,申彤译,译林出版社2001年版,第186页。李猛教授也指出,在霍布斯之前,绝大多数政治哲学家都仍然使用传统的人性概念作为政治和道德思想的基础,在霍布斯之后,几乎所有重要的政治哲学家都开始以“自然状态”作为政治分析的基本出发点。参见李猛:《自然社会:自然法与现代道德世界的形成》,生活·读书·新知三联书店2015年版,第90页。

公共财产据为己有。另一条是自然理性的假设,它使人人都把死于暴力作为自然中的至恶努力予以避免”。[23] 在霍布斯看来,人首先是一个动物性的存在,并且有比动物更多更强烈的欲望。人贪婪的、无休止的自然欲望刺激人类追求超出他人的荣誉,以求赢得对他人的支配,这让自然状态变成了战争状态。而出于对暴死的恐惧,人们希望逃离这样一种战争状态。在这样一种自我保存欲望的推动下,自然状态下的人达成社会契约,走出自然状态。霍布斯从纯粹自然的角度理解人性,人的本性被理解为人为了在自然界生存或为了满足生存对自然界和人的同类所做出的动物性的自然反应。人为了实现自我保存与动物一样相互竞争,相互伤害。不仅如此,霍布斯将欲望作为判断善恶的尺度,彻底颠覆了古典政治哲学对人性的理解。霍布斯指出,“旧道德哲学家所说的那种终极的目的和最高的善根本不存在”[24]“任何人的欲望对象对他本人来说,都称为善,而憎恶或嫌恶的对象则称为恶”。[25] 在此之下,人与人之间便不再存在德性差异,自然使人在身心两方面的能力都十分相等,无论是体力、经验,还是理性与激情,所有自然人都拥有相同的人性。

通过对人自然欲望与自然理性的讨论,霍布斯实现了与古典人性论的彻底决裂,重新构画了现代人的形象。其一,由政治动物向欲望动物的转变。古典政治哲学强调欲望服从理性的统治,贬抑单纯追求欲望的生活,也不认为人的肉体具有任何神圣性。但近代自然人性观否认人是政治动物,强调人欲望的正当性与肉体的神圣性,自我保存被认为是自然权利的第一要义。其二,由强调人性差异到强调人性平等。古典政治哲学强调德性的重要性,进而认为人与人之间存在德性差异。而近代自然人性观从动物性的角度主张人的平等性,消解了不同群体间的德性差异。如赵汀阳教授所言,“基督教以后的西方伦理学分析基本上都只是针对个别行为的,而几乎不讨论一个人是否是道德的人。原因在于其宗教背景,每个人都被假定是同样的罪人和同样可能获救的人,这种把人同格化从社会实践上

---

〔23〕 [英]霍布斯:《论公民》,应星、冯克利译,贵州人民出版社 2003 年版,第 4 页。

〔24〕 [英]霍布斯:《利维坦》,黎思复、黎廷弼译,商务印书馆 1985 年版,第 72 页。

〔25〕 同上书,第 37 页。

说促进了人的平等观念,并且预告了后来所谓的人权理论”。[26] 正是基督教在欧洲社会的广为传播破除了古典自然等级论,才让去道德化的平等人性观念被广为接受。在此之后,启蒙运动虽然猛烈批判基督教神权,却同时继承了基督教思想超善恶的特点,不愿着眼于难以企及的“人的完善”,而强调人性之平等并追求自我保存欲望的合法化。[27] 在此基础上,启蒙人权理论主张,人权是人本性的要求,是人与生俱来的权利,在自然状态下具有共同人性的个人都拥有平等的自然权利。[28]

然而,霍布斯并没有因为人拥有自我保存的自然权利而否认死刑的正当性,而是在主张国家具有死刑权的同时,认为民众没有接受国家惩罚的道德义务。在自然状态中,每个人对每个事物都有权利,可以伤害或者杀死其他任何人。为了震慑人的自然本性,保障臣民自我保存的实现,除主权者外,所有自然人在进入利维坦的一刻便都放弃了这一权利。也就是说,国家拥有实施死刑的权力,但这一权力并非来自于人民对自身生命权的让渡,而仅是自然状态下个人惩罚权的延伸。与此同时,霍布斯指出,“有些权利不论凭什么言辞或其他表示都不能认为人家已经捐弃或转让。首先,如果有人以武力攻击一个人,要夺去他的生命,他就不能放弃抵抗的权利”。[29] 在霍布斯看来,自我保存是自然人建立契约的目的所在,他们不仅不会主动献出自己的生命权,还具有反抗的权利。赋予臣民反抗利维坦的权利,也就意味着,当面临利维坦的死亡威胁时,臣民与主权者事实上重新回到了自然状态中,臣民自然具有不服从命令并反抗的自由。在此,霍布斯所建立的以保障自然人自我保存之实现为目的的利维坦之刑罚权与民众自我保存的权利之间存在紧张关系。

在此之后,启蒙思想的代表人物洛克与卢梭均未反对死刑,直至1764年贝卡

---

〔26〕 参见赵汀阳:《论可能生活》,中国人民大学出版社2010年版,第44页。

〔27〕 参见李超群:《马克思人权思想研究——以从人的异化到人的解放为线索》,西南政法大学法学理论专业2015年博士学位论文,第35页。

〔28〕 如霍布斯所言,所谓自然权利,即“每一个人按照自己所意愿的方式运用自己的力量保全自己的天性——也就是保全生命——的自由”。参见[英]霍布斯:《利维坦》,黎思复、黎延弼译,商务印书馆1985年版,第97页。

〔29〕 参见[英]霍布斯:《利维坦》,黎思复、黎延弼译,商务印书馆1985年版,第100页。

里亚《论犯罪与刑罚》出版,基于人权的死刑废止论才第一次被提出。贝卡里亚同样从社会契约与自然权利的角度思考死刑问题。在自然状态下,离群索居之人被连续的战争状态弄得精疲力竭,进而彼此联合进入社会。但与霍布斯不同,贝卡利亚认为,为了平安无忧地享受自由,人需要将自己的一部分自由转让给国家,这样一种让渡的自由便是国家的刑罚权。这也就意味着,与利维坦天然地具有死刑权力不同,在贝卡里亚这里,国家刑罚权的大小取决于民众让渡权利的多少。贝卡利亚进一步指出:"有谁愿意把对自己的生死予夺大权奉予别人操纵呢?每个人在对自己做出最小的牺牲时,怎么会把冠于一切财富之首的生命也搭进去呢?"人的生命权是自然天赋的,作为生命的所有者和其他人都无权剥夺。因此,没有人愿意将自己的生命权让渡给其他人,国家没有实施死刑的权力。[30] 虽然贝卡里亚所构想的社会契约与霍布斯不同,但两人却分享了共同的生命权认知。即认为,自我保存是人最重要的自然权利,且所有自然人都拥有不可让与的生命权,现代死刑废止论者基于人权的死刑废止论便建立在这样一种生命权认知上。在欧盟国家推动下,基于人权的死刑废止论在第二次世界大战之后影响力越发扩大,甚至逐渐发展为一种不容置疑的政治正确。但面对此种人权主张,我们不应当被其自称的"普遍性"所迷惑,基督教神学和启蒙运动即是西方人权理论的地方性知识所在。[31] 它更多地体现了西方社会的地方信念与特殊偏好,并不一定能够为其他文明所接受。

三、结论:不止于死刑

自 1991 年首部人权白皮书发布以来,中国政府逐渐接受了人权概念并开始进入国际人权制度框架中。目前,中国政府签署了主要的联合国人权公约,成为联合国人权理事会成员国,并通过各种官方对话、学术交流及其他途径与西方国

〔30〕 参见[意]贝卡利亚:《论犯罪与刑罚》,黄风译,北京大学出版社 2008 年版,第 9 页、第 65 页。

〔31〕 荣邵武教授指出,主张废除死刑的法律人的智识来源主要是西方法律史、法律理论,尤其是西方人权理论。而人权理论预设了一个在知识上、伦理上,甚至先验上具有绝对地位的个人,这种具有神圣性的个人思想是有其西方基督教根源的。参见荣邵武:《死刑战争:法律人类学的中介》,载《文化研究》2012 年第 1 卷。

家进行人权对话交流。然而,尽管中国政府在人权问题上与西方达成了广泛共识,但中西之间在人权价值理念、人权保障理论,乃至众多具体人权问题上仍旧存在明显的观念分歧。这其中,历史文化差异无疑是造成中西人权保障理论差异极重要的因素,也是一个没有得到学界足够重视的影响因素。[32] 笔者认为,人权本质上是一种关于"人"的文化概念,正是因为不同文化对"人"存在不同的解释,才会产生不同的权利界定方式与人权理念。对"人"的不同理解是中西之间产生不同的人权观、人权保障理论的重要影响因素,从中西人性观差异的视角,能够对中国人权保障理论的正当性以及中西人权保障理论的差异性作出一个相对融洽的解释。

在死刑问题上,认为死刑不具有人道性这一观点事实上根植于西方,在非西方社会能否成立是缺乏足够论证的。在人权法教学中,应当对死刑不具有人道性主张保持高度警惕,并充分反思西方国家在死刑问题上的文化帝国主义倾向和外交政策上的霸权主义主张。从编著体例结构考察,中国近年来出版的人权法学教材一般分为人权原理、人权内容和国际人权机制三大部分。这其中,有关人权理论的论述大多按照美西方人权理论展开,并没有对西方人权理论予以充分反思。笔者认为,在《人权法学》教材编写过程中,既要注意对西方人权理论的反思,也要注重高度提炼、准确表述中国特色人权话语、实践和成就,及时反映中国的最新进展,充分体现中国人权的理论自信、文化自信和制度自信。尤其应当充分发掘中国传统文化中丰富的人权要素,系统总结中国人权发展的理论和实践成就,为中国特色人权话语体系构建提供支持。

---

〔32〕 造成中西间人权保障理论差异性的原因众多,中西间不同的政治制度、不同的经济发展水平、不同的历史文化传统都深刻影响了双方对人权的理解。

调研报告

中国刑事司法赔偿请求人权利救济实证研究

——以346份国家赔偿决定书为样本

张佰发*

引言

对于近年来出现的冤假错案,人们更多的关注点在于赔偿义务机关如何对这些“受害者”进行赔偿(救济)。被社会大众所争论的赔偿数额的决定缘于刑事司法赔偿程序的启动。所谓刑事司法赔偿程序,是指司法机关及其工作人员在行使侦查权、检察权、审判权和看守所、监狱行使管理职权时违法,并给无辜他人或组织的生命、健康、自由和财产等权利造成损害结果,而理应由国家承担过错责任的一种救济程序。[1] 也有学者提出,法定机关作出的这种赔偿又称为“冤狱赔偿”。[2] 由此可见,刑事司法赔偿制度的出现,旨在对刑事司法过程中因国家机关错误行使权力而致使公民人身、财产损失的一种救济,是因刑事司法侵权而对受害人承担的一种赔偿责任,[3]其宗旨在于充分保障公民权利救济和促进国家机关依法行使职权。在我国的司法实践中,这种救济途径并非由国家司法机关予

* 河北省石家庄市新华区纪律检查委员会科员。

〔1〕 刑事司法赔偿,是国家赔偿下的司法赔偿制度的一种分类。根据司法赔偿发生的领域不同,司法赔偿还包括民事司法赔偿、行政司法赔偿。关于刑事司法赔偿的适用范围,《国家赔偿法》第17条和第18条均作了列举式规定。有关刑事损害赔偿的定义,可参见刘东根:《刑事损害赔偿研究》,中国法制出版社2005年版,第2页。

〔2〕 参见皮纯协、冯军主编:《国家赔偿法释论》,中国法制出版社2010年版,第160页。

〔3〕 参见薛刚凌主编:《国家赔偿法》,中国政法大学出版社2011年版,第201页。

以启动,根据《国家赔偿法》的相关规定,涉案当事人只有在经有关机关依法确认其具有无罪、错误刑事拘留、违法扣押财产等情形后,经由其申请,刑事司法赔偿的程序才得以启动。

诚然,保障每一位公民在司法案件中都能享受公平正义、杜绝冤假错案发生的前提基础在于,规范国家司法机关正确行使国家权利。但是,若在这些冤假错案被依法纠正后,法律规定负有赔偿义务的机关能让曾经在刑事司法过程中遭受"非公正对待"的当事人享受充分的救济、得到合理的赔偿,也算是对"迟来的正义非正义"这一说辞的有力反驳。

研究刑事司法赔偿请求人权利救济的实践,有利于充分贯彻人权司法理念。党的十八届四中全会明确提出了"加强人权司法保障"的论断,充分体现了党高度重视人权保障问题,高度重视人权保障在司法过程中的突出地位。

人权司法保障的关键在于解决好司法过程中相关参与人员的权利保障问题,其中既包括司法工作人员的权益,也包括参与司法活动当事人的合法权益。而对于司法活动的参与人来讲,人权司法保障既包括保障每个人的权利不受他人侵犯或在存在他方侵害其自身权利的情况下应由相应机关对侵害人进行处罚,也包括个人权利非因正当理由不遭受有关政府机关的侵犯,特别是相关参与人在司法活动中应当保障的权利。这些理应保障的权利在刑事司法活动中更应受到重视,其原因在于刑事司法活动的结果往往极具严厉性,刑事裁判的结果常常伴随对公民个人人身自由权利的剥夺,而人的自由权利在权利的价值位阶中又占据首要地位,即自由是法律的最高价值之一。[4] 所以,解决好刑事司法赔偿过程中作为弱势一方的请求人权利保障问题、保证其充分获得权利救济即是对人权司法理论的充分贯彻。

此外,研究刑事司法赔偿请求人权利救济的实践亦有利于厘清我国刑事司法赔偿请求人权利救济的现状,从而为请求人获得全面、充分的保障提供可行性的参考。"救济是权利的保障,没有救济就没有权利。"[5] 而刑事司法赔偿制度也是请求人实现自我救济的一种方式,考量其对救济方式、途径选择、救济结果的实

---

〔4〕 参见付子堂主编:《法理学进阶》(第 4 版),法律出版社 2013 年版,第 91 页。
〔5〕 参见耿浩飞:《权利救济:让每个人更有尊严》,载《人民政坛》2014 年第 11 期。

践,亦能反映当下中国刑事司法赔偿请求人权利救济的现状。

综上,研究刑事司法赔偿请求人权利救济的实践,一方面,有利于充分贯彻司法人权理论,彰显国家尊重和保障人权的现实;另一方面,从权利救济理论的层面理清刑事司法赔偿请求人的权利救济现状,可以探索出确保刑事司法赔偿请求人获得充分救济的些许经验。

一、样本文书情况与实证研究假设

(一)样本文书来源与分布

本文所有的分析样本文书均来自“北大法宝”司法案例网络数据库,检索范围为“全文”,检索词为“刑事赔偿”,匹配方式为“精确”,匹配对象为“全篇”,检索时间精确到“2012 年 10 月 26 日至 2017 年 5 月 27 日”,〔6〕检索结果为案例与裁判文书 1545 份,去掉其中虽然包括“刑事赔偿”字样但其实质属于民事司法赔偿、行政司法赔偿的案例、刑事案件被害人赔偿案例以及重复出现的案例共计 1199 份,实际上最终得到有效的刑事司法赔偿样本文书 346 份。〔7〕

研究的样本文书的地域分布包含我国 29 个省、自治区、直辖市,其样本文书作出的时间主要集中分布在 2016 年,达 210 份。由于 2012 年和 2017 年的样本文书并未全部收集,故在忽略 2012 年和 2017 年样本文书数量后,总体上样本文书的数量随着时间的推移呈递增分布规律;而从现有样本文书的地域分布来看,辽宁省的刑事司法赔偿案件最多,达到 33 件,其次是吉林省,达到 29 件;从整体上看,呈现东部省份地区刑事司法赔偿案件多于西部省份、东北地区数量高于其他地区的分布规律。详细具体的样本文书时间、地域分布的情况如图 1、图 2 所示。

〔6〕 由于目前施行的《国家赔偿法》于 2012 年 10 月 26 日生效,样本文书的下载时间为 2017 年 5 月 27 日,故在搜集案例时将检索时间作了处理。

〔7〕 前文已提及刑事司法赔偿属于司法赔偿的一个分支,同民事司法赔偿和行政司法赔偿构成司法赔偿的完整内容。因此,为在“北大法宝”网上获得更大范围的案例,本文在以“刑事赔偿”一词检索后作了仔细挑拣,最终得到 346 份样本文书。

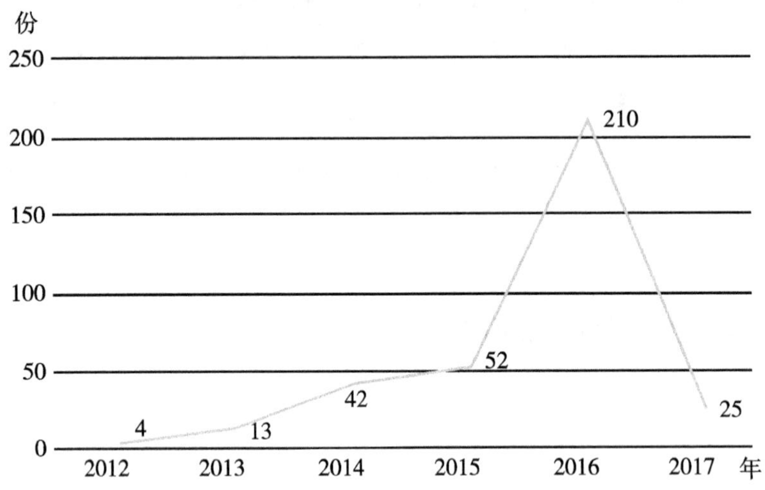

图1　样本文书作出时间分布统计(以案件的审结时间为准)〔8〕

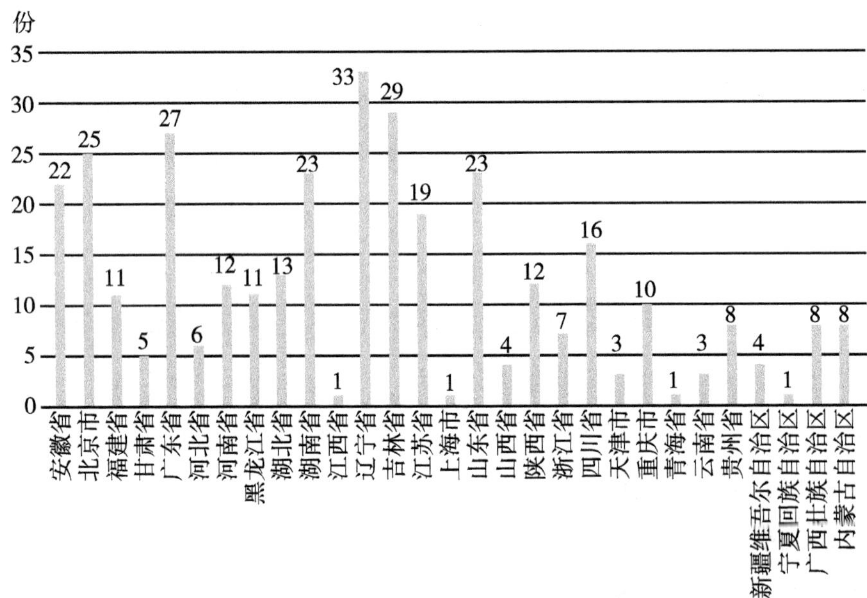

图2　样本文书地域分布统计(2012~2017年)〔9〕

〔8〕 数据来源系对2012年10月26日至2017年5月27日的346份刑事司法赔偿决定书的梳理、总结和计算。

〔9〕 图中样本文书的地域分布数量来源于对346份刑事司法赔偿决定书的梳理。

（二）实证研究假设

由于本文所研究的样本文书均从“北大法宝”网站获取，为了保证实证研究的科学性，在研究刑事司法赔偿请求人权利救济的过程中必须明确两个假设。

第一，假设在上传刑事司法赔偿文书时，“北大法宝”网站没有进行个别文书的筛选或者人为改动样本文书的内容，而是随机、简单地对现有文书进行编辑和上传。只有存在这样的预设，才能保证文章中分析样本的随机性和科学严谨性，从而确保文章研究数据和研究结论的科学性、真实性。

第二，样本文书均为人民法院、人民检察院和公安机关等相关赔偿义务机关针对刑事司法赔偿案件作出的刑事司法赔偿决定书，所以还需要我们预设所研究样本文书的内容没有受到相关案外人的人为因素影响，即确信所研究的样本文书具有公正价值，其裁判结果的证成理应是符合正当程序的。之所以作出这样的预设，其原因在于我们无法从现有的样本文书内容中排除影响案件的不合理、不公正因素。

二、我国刑事司法赔偿请求人权利救济的现状分析

刑事司法赔偿请求人申请国家赔偿的过程，亦是其实现权利救济的过程。刑事司法赔偿请求人作为其自身或者其家属合法权利被国家机关侵犯的一类弱势群体，“大都在长期的错误刑事追诉程序中受到很大的身体和心理创伤，有的染上了严重的疾病，有的因坐牢家破人亡，有的家属为了其洗冤债台高筑”，[10]其相关权利均遭遇了不同程度的侵害。有损害就应该有救济，但如何考察请求人权利救济的现状呢？

本文的思考脉络如下。第一，“权利救济主张主体”是谁？概言之，刑事司法赔偿是司法赔偿请求人本人应对权利进行主张，但基于其处于弱势地位、缺少对

〔10〕 参见郭欣阳：《刑事错案赔偿的立法与实践问题》，载《人大法律评论》2012 年第 2 期。

相关救济法律的了解,其权利救济的过程还需律师帮助。第二,权利救济内容如何,即通常争议很大的精神损害赔偿的救济情况如何?第三,权利救济方式是否是充分的,即除作为最后一道防线的诉讼外,和解等其他非诉讼方式的运用情况。第四,权利救济失败的情形如何。也许这四个方面不能完全衡量权利救济的全部现状,但其应该可以描绘出中国刑事司法赔偿制度运行的整体概貌。

(一)谁可以请求?——权利主张主体构成分析

根据《国家赔偿法》的规定,在刑事诉讼过程中遭受权利侵害的当事人及其家属(当事人在刑事诉讼过程中或者是救济过程中死亡时)理应是提起刑事司法赔偿的请求人,即主张权利救济的主体。但在实践中,对处于弱势地位且对法律知识和救济程序缺乏了解的刑事司法赔偿请求人来说,单独提起刑事司法赔偿并获得充分救济的可能性相对较低。

为保证请求人能享有充分的权利救济,就需要在刑事司法赔偿的过程中进一步扩大权利救济的主张主体。因刑事司法赔偿过程的专业性和程序性,知悉法律知识和程序的律师则可以为请求人提供专业的服务。因此,律师作为刑事司法赔偿请求人权利救济主张主体的辅助者必将发挥重要作用。

1.律师角色及功能定位

依据《律师法》第2条第2款规定,律师在司法实践中肩负着保障当事人合法权益、致力于社会公正和监督法律正确实施等诸多社会责任。这一法条规定既明确了律师的法定职责,又体现了律师在缓解社会冲突和平衡利益中所发挥的重要作用。

习近平总书记指出:“没有律师可以求助,司法公正从何而来呢?”[11]也就是说,律师以其专业的法律知识水准在司法领域中发挥着不可替代的作用,特别是在促进司法公正、保障人民群众合法权益方面。其作用主要表现如下。第一,律师在保障人权方面发挥重大作用。在代理司法案件中,律师所服务的对象是来自

〔11〕 参见邓连引:《律师在全面推进依法治国战略中的定位与作用》,载《黑龙江省政法管理干部学院学报》2016年第1期。

社会各阶层的涉案当事人，其为涉案当事人辩护不仅表露了其权利救济的助力者身份，更彰显了其维护公平的正义者身份。第二，其对国家权利机关正确行使权利也起到相当程度的监督作用。总之，在司法实践中，律师致力于对抗违法行使权力，维护司法公正。[12]

由此可见，在司法过程中律师的参与对保障当事人的合法权益具有重要作用。因此，对于缺乏专业的法律知识且处于弱势地位的刑事司法赔偿请求人来说，其权利救济的过程有了律师的参与，将会使请求人的合法权益得到更充分的保障。

2. 律师参与刑事司法赔偿的实践

通过上述对律师功能定位的理论分析，毫无疑问，律师在刑事司法赔偿请求人寻求权利救济的过程中，将发挥不可替代的重要作用。根据《法律援助条例》第 10 条的具体规定，刑事司法赔偿请求人确因经济困难时，其在寻求救济的过程中经申请理应获得法律援助。而在此条件之外的刑事司法赔偿情形，请求人也可根据自身的需求向当地的律师事务所聘请律师。所以，依据该条例，在刑事司法赔偿过程中起到保障作用的律师，还应包括司法行政机关指派的法律援助律师。

逻辑上，基于律师的价值功能定位，律师若能较大程度地参与刑事司法赔偿请求人权利救济的过程，则请求人获得充分、全面救济的可能性就会越大。那么，目前，中国刑事司法赔偿请求人权利救济的实践中律师参与的程度又如何呢？在对收集的刑事司法赔偿样本文书进行梳理后，我们发现：在 346 份刑事司法赔偿样本文书中，有 106 份样本文书中显示有律师的参与，参与率为 30.64%；其中，法律援助律师参与案件的样本案例仅为 6 份，在所选取的样本数据中法律援助律师参与率仅为 6.67%。基于数量偏少，故下文对刑事司法赔偿案件研究的律师仅指请求人或其家属聘请的律师，而不包含应由司法行政机关依照《法律援助条例》指派的法律援助律师。

梳理 346 份样本文书后，可以发现律师参与刑事司法赔偿程序的比例约为

[12] 参见黄红华：《律师在法治中国建设中的地位和作用》，载《中共福建省委党校学报》2014 年第 5 期。

31%，虽在所有的刑事司法赔偿案例中占比较小，但其若在刑事司法赔偿过程中能给请求人带来较大的帮助，则律师匡扶正义的功能将被发挥得淋漓尽致，刑事司法赔偿请求人的权利救济亦会得到充分保障。那么，律师在刑事司法赔偿过程中到底发挥着怎样的作用呢？通过对比分析刑事司法赔偿决定书后，可以发现，在刑事司法赔偿过程中，律师的参与可较大程度地降低刑事司法赔偿请求人错误选择救济路径的概率。故从这个角度来讲，律师参与刑事司法赔偿的过程无疑保障了请求人的救济之路。

为了证明律师在刑事司法赔偿过程中对请求人选择救济路径方面发挥的作用，下文对比了两份样本文书。

样本文书1：宁某庆与山东省齐州监狱其他行政裁定书案。〔13〕 本案中，当事人没有委托律师参与救济过程。其诉称，山东省齐州监狱监管不当、不履行医疗保健行政行为导致其双目失明，应确认违法，并请求赔偿伤残赔偿金、护理费、精神抚慰金、被抚养人生活费等经济损失1,635,340元，向一审法院提起行政诉讼。一审法院以"监狱是刑事司法主体，行使刑事司法职能，原告认为被告未履行法定职责、导致其服刑期间双目失明并要求赔偿经济损失的诉讼请求，不属于行政诉讼受案范围"为由，裁定驳回原告宁某庆的起诉。原告不服济阳县人民法院（2016）鲁0125行初10号行政裁定，向上一级法院提起上诉，上诉法院审理后，作出"上诉人以被上诉人监管不当、不履行医疗保健职责而导致其双目失明为由，请求确认被上诉人行政行为违法，并要求赔偿。被上诉人系国家的刑罚执行机关，其在管理、教育改造罪犯的过程中的违法行为由检察机关监督，因此，上诉人的起诉不符合《行政诉讼法》第49条的规定，对上诉人的起诉应予驳回"的维持判决。

样本文书2：赔偿请求人杨某先诉磐石市公安局致人死亡一案国家赔偿决定书案。〔14〕 在本案中，请求人委托吉林松花江律师事务所梁少铎律师参与救济过程。本案赔偿请求人杨某先，以其儿子杨某潼在磐石市看守所死亡为由，向赔偿

〔13〕 参见（2016）鲁01行终257号。
〔14〕 参见（2016）吉02委赔17号。

义务机关磐石市公安局递交了国家赔偿申请。经吉林鸣正司法鉴定中心鉴定，“杨某潼直接死因为机械性窒息，根本死因为胃内容物返流咽喉腔及气管及支气管填塞，死亡方式为意外死”，在救济的过程中，请求人杨某先先后向磐石市公安局申请刑事司法赔偿、向吉林省公安厅申请复议，两单位均以其请求不符合《国家赔偿法》第 17 条的规定而拒绝赔偿。[15] 杨某先其后向吉林省高级人民法院赔偿委员会申诉，赔偿委员会最终决定：杨某潼的死亡不属于正常死亡，赔偿义务机关磐石市公安局应当承担赔偿责任，故决定：(1)撤销赔偿义务机关磐石市公安局磐公赔决字〔2016〕3 号国家赔偿决定和复议机关吉林市公安局吉市公赔复决字〔2016〕009 号刑事赔偿复议决定；(2)由赔偿义务机关磐石市公安局自收到本决定之日起 10 日内，给付赔偿请求人杨某先、王某艳、杨某森死亡赔偿金、丧葬费人民币 1,264,820 元(63,241 元/年 ×20 年)、精神损害抚慰金 10 万元、杨某森生活费 20,900 元(3800 元/年 ×11 年 ×50%)的 50%，总计人民币 692,860 元。

相似性质的两个刑事赔偿案件，为何却得出两份截然不同的结果？对上述两份样本文书分析，可以发现二者的赔偿义务机关具有相似之处，均是人民法院之外的机关，分别为监狱管理机关和公安机关。由于《国家赔偿法》根据赔偿义务机关的不同而制定了两种不同路径的救济渠道，即当赔偿义务机关为人民法院时，刑事司法赔偿请求人必须先向作出有罪判决的人民法院申请国家赔偿，其对该法院作出的刑事司法赔偿决定不服时，向该上一级人民法院赔偿委员会申诉；而赔偿义务机关为人民法院之外的公安机关、人民检察院、监狱管理机关等在刑事诉讼过程中因行使国家权利侵犯当事人权益的机关时，请求人救济必须向赔偿义务机关申请、不服后向赔偿义务机关的上一级机关申请复议，对复议结果不服时，才能向复议机关的同级人民法院赔偿委员会申诉。

基于这样的法律规定，当赔偿义务机关为监狱管理机关时，请求人往往由于不了解法定的救济途径，加之其固有的“民告官”思想，那么样本文书 1 中当事人提起行政诉讼的做法似乎就是其本能选择。稍作假设，若此时有知悉相关法律知

〔15〕《国家赔偿法》第 17 条规定的是行使侦查、检察、审判职权的机关以及看守所、监狱管理机关及其工作人员在行使职权时侵犯了受害人人身权时，受害人可以获得刑事司法赔偿的 5 种情形。

识的人对请求人有所提示,无论救济结果如何,至少其选择救济的程序不会出错。而律师参与刑事司法赔偿,正好可以满足刑事司法赔偿请求人此时的需求,律师以其专业的法律知识充分保障请求人的救济权益,当然也包括如何选择救济程序。

从本质上分析,有无律师的参与,是两份样本文书的主要差异。样本文书2中,刑事赔偿请求人委托了律师梁少铎全程参与案件,最终获得了较满意的国家赔偿决定;而样本文书1中的请求人独自向法院提起行政诉讼一审,甚至在一审法院判决驳回其诉讼请求时,仍旧未意识到救济途径的错误,又再次向法院提起二审,最终还是被法院驳回起诉。此外,为了探究样本文书1中的当事人是否在法院驳回起诉后另行选择正确的救济途径,我们通过在裁判文书网以及“北大法宝”网站均未检索到有关本案当事人的国家赔偿决定书。据此,就存在较大的可能性推断,刑事赔偿请求人还是未得到救济,或者说到目前为止仍未得到救济。

假设对上述两个样本文书分析比较的结果具有偶然性,本文进而梳理346份样本文书中没有获得国家赔偿的样本文书后,发现由于请求人未能正确选择救济程序而丧失救济的文书有53份,占总样本文书数量的15.32%,部分刑事司法赔偿请求人未能获得救济的具体情况如表1所示。

表1　部分刑事司法赔偿请求人未能获得救济情况〔16〕

样本文书编号	案号	赔偿义务机关	有无律师参与	未获得救济原因
214	(2014)红中行终字第43号	云南省个旧市公安局	无	依法可主张刑事赔偿的权利,当事人提起的诉讼不属于人民法院行政赔偿诉讼的受案范围
253	(2016)川03委赔字3号	四川省自贡市公安局自流井区分局	无	错误选择赔偿义务机关

〔16〕　表格中的数据源于对346份样本文书的概括总结。由于此类案件较多,为论证律师在刑事司法赔偿程序中为请求人提供正确救济路径,笔者从53份样本文书中随机选取了6份,而未展示的47份样本文书的分析结果同样可以得出对表3进行分析的结论。

续表

样本文书编号	案号	赔偿义务机关	有无律师参与	未获得救济原因
264	(2016)苏01行终421号	江苏省南京市公安局玄武分局	无	未经复议程序,就赔偿直接向人民法院提起诉讼不符合法律规定
278	(2015)鄂黄冈中行终字第00117号	湖北省黄冈市公安局龙感湖分局、黄梅县公安局	无	依法可主张刑事赔偿的权利,当事人提起的诉讼不属于人民法院行政赔偿诉讼的受案范围
283	(2014)临行终字第86号	山东省临沭县公安局	无	依法可主张刑事赔偿的权利,当事人提起的诉讼不属于人民法院行政赔偿诉讼的受案范围
303	(2016)苏06行终155号	江苏省如东县人民检察院	无	申请检察机关国家赔偿范畴,不属于人民法院行政诉讼受案范围

通常普通当事人对救济程序不一定熟悉,而这恰恰是律师执业为当事人提供服务时非常重要的切入点。如表1所示,刑事司法赔偿请求人未能获得救济的主要原因在于,救济程序的选择与相关法律的规定背离,即本应可以按照刑事赔偿程序救济,却提起了行政诉讼,或是违反了法律规定的救济程序要求,或是对赔偿义务机关选择错误。归根结底,请求人未能获得救济的主要原因在于,不能准确适用法律、选择了错误的救济程序。这正好可以印证知悉法律的律师将会对刑事司法赔偿请求人寻求准确的救济路径发挥重大的指引作用。

(二)可以主张什么?——适用精神损害赔偿的实践

刑事司法赔偿制度的初衷,就是为曾经在刑事诉讼过程中遭遇权利侵害的请求人或其家属给予公正合理的赔偿。按照我国《国家赔偿法》的规定,赔偿义务机关对请求人进行赔偿以支付赔偿金为主要内容,[17]且根据具体刑事司法赔偿案件的不同情形,支付赔偿金的内容包括侵犯人身自由赔偿金、侵犯生命健康权

〔17〕 具体参见《国家赔偿法》第32~35条的详细规定。

赔偿金、侵犯财产权赔偿金和精神损害赔偿金中的一项或者多项。根据法律规定,赔偿义务机关在确定侵犯人身自由赔偿金、侵犯生命健康权赔偿金和侵犯财产权赔偿金时往往具有确定的参照标准,即侵犯人身自由赔偿金和侵犯生命健康权赔偿金数额的确定参照的是国家上一年度职工日平均工资,侵犯财产权赔偿金数额则由具体财产的价值来确定。唯独精神损害赔偿金数额的确定、适用的范围没有一个明确具体的标准。此外,司法实践中各地赔偿义务机关适用的结果也具有差异。所以,笔者在对刑事司法赔偿请求人权利救济的内容进行分析时,主要探讨了精神损害赔偿适用的实践。

相关救济法律规定了精神损害赔偿适用的具体标准。依据《国家赔偿法》第35条规定,在刑事司法赔偿过程中,请求人请求赔偿义务机关支付精神损害赔偿的主要依据在于,赔偿义务机关错误行使职权给请求人(或其家属)造成了严重损害后果,这种严重后果在实践中表现为对请求人(或者是其家属)人身自由权益的严重侵害,即刑事司法赔偿请求人(或其家属)失去了较长时间的人身自由,或者更严重的是对其生命健康权造成了严重损害。

1. 精神损害赔偿适用范围

总体来讲,我国的刑事司法赔偿适用精神损害的范围有限,且在实践中存在请求人申请的精神损害请求与被赔偿义务机关支持精神损害请求严重不对等的现象。在收集到的346份样本文书中,有214位请求人在寻求救济的过程中提出了精神损害赔偿请求,比例达到61.85%,而这些请求被赔偿义务机关支持的仅有85份,仅达到样本文书总数的24.57%。

一方面,刑事司法赔偿实践中适用精神损害的范围有限,主要表现为只有在刑事司法赔偿当事人经历较长时间侵犯人身自由的非法羁押或者其健康、生命等权利受到严重侵害的情形下,赔偿义务机关才适用精神损害赔偿。通过对85份支持精神损害赔偿的样本文书进行梳理,可以发现不同的赔偿义务机关最终能否适用精神损害赔偿的数量及条件也不尽相同,具体差别如表2所示。

表2 不同赔偿义务机关适用精神损害赔偿的具体情形(2012～2017年)[18]

赔偿义务机关	人民法院	人民检察院	公安机关、看守所及监狱管理机关
适用数量(件)	47	20	18
适用条件	重审或再审无罪之前死亡或者羁押时间较长	错误逮捕羁押时间较长	错误拘留时间较长;在看守所或监狱内致被害人伤残或者死亡

由于法律规定适用精神损害赔偿的标准是给刑事司法赔偿当事人造成严重后果,所以,赔偿义务机关对是否适用精神损害赔偿以及适用多大程度的精神损害赔偿有较大的自由裁量权。而自由裁量权行使的基础就在于赔偿义务机关对是否到达"严重后果"标准的判断。通过梳理样本文书,司法实践中作为赔偿义务机关的人民法院,其判断造成"严重后果"的标准是请求人(或其家属)在再审或者重审无罪前被非法羁押的时间长短;对于人民检察院的错误逮捕以及公安机关的错误拘留,其判断"严重后果"的标准是请求人(或者是其家属)被错误羁押的时间;而对于看守所和监狱管理机关,"严重后果"的标准则是请求人(或其家属)是否因该机关管理失误而造成其死亡以及受损伤程度的高低。

既然作为赔偿义务机关的人民法院将当事人丧失人身自由期间的长短作为适用精神损害赔偿的一个标准,那么司法实践中那些支持精神损害赔偿的刑事司法赔偿请求人(或其家属)是否均受到较长时间的非法羁押呢?对此,笔者对作为赔偿义务机关的人民法院适用精神损害赔偿的具体情况进行梳理,试图通过类比分析归纳出"严重后果"的标准,具体情况如表3所示。

---

〔18〕 表格中的数据源于对346份样本文书的概括总结。

表3 作为赔偿义务机关的人民法院适用精神损害赔偿情形统计(2012~2017年)〔19〕

样本文书编号	非法羁押期限(天)	样本文书编号	非法羁押期限(天)	样本文书编号	非法羁押期限(天)	样本文书编号	非法羁押期限(天)
001	1553	046	2244	071	1443	121	1096
014	487	050	623	073	1171	140	151
016	1960	052	795	074	184	143	559
017	1270	053	521	075	928	147	1095
024	1270	054	期间死亡	078	3225	155	486
026	1766	056	1270	088	1645	157	520
031	669	061	728	090	2554	159	150
035	365	063	1977	091	1997	168	1028
036	365	065	期间死亡	092	1981	170	897
040	203	066	3596	097	320	171	882
042	547	068	730	102	482	019	6936 5841 3159
043	300	069	6023	105	725		

如表3所示,人民法院在决定适用精神损害赔偿时,请求人或其家属普遍受到较长时间的非法羁押,最长羁押期间达到6936天,最短的羁押期间也达到150天,甚至出现了刑事司法赔偿请求人的家属在非法羁押期间死亡的现象。而梳理人民法院之外的赔偿义务机关适用精神损害赔偿的具体数据,也出现了近似的结果,即作为赔偿义务机关的监狱管理机关、人民检察院、公安机关和看守所,其适用精神损害赔偿时常伴随错误逮捕、违法拘留时间较长或者在羁押期间遭到人身损害,直至出现死亡结果。

另一方面,涉及赔偿义务机关非法处分刑事司法赔偿请求人财产,且因为该处分行为给请求人造成了严重损失的情形并未纳入精神损害赔偿的范围之内。例如,赔偿请求人百某申请赔偿义务机关武威市凉州区公安局违法扣押国家赔偿

〔19〕 表格中的数据源于对346份样本文书的概括总结。且表格中编号为019的样本文书共有3位刑事司法赔偿请求人,请求人陈某影被完全限制人身自由6936天;请求人黄某被完全限制人身自由天数为5841天;请求人林某峰被完全限制人身自由天数为3159天。详见(2015)闵法赔字第1-3号国家赔偿决定书。

案,[20]在本案中,请求人因涉嫌倒卖文物案,被凉州区公安局(原武威市公安局)于1994年7月9日立案侦查,同日,凉州区公安局(原武威市公安局)通过住址和人身搜查扣押了请求人家中存有的文物与其他物品12组。1994年7月15日,凉州区公安局(原武威市公安局)以同样的方式扣押了刘某金处存放的申请人委托其保管的文物与其他物品18组。凉州区人民检察院依法作出了不起诉决定书,之后赔偿请求人百钰向赔偿义务机关申请赔偿,并提出要求凉州区公安局向其支付精神损害抚慰金10万元。赔偿义务机关根据《国家赔偿法》第35条的规定,认定此赔偿请求不属于应当支付精神抚慰金的范围,请求人最终没有获得精神损害赔偿。这是所收集到的样本文书中唯一一个因遭受财产损失请求赔偿义务机关支付精神损害赔偿而被拒绝的。此外,在有关财产损失提起刑事司法赔偿的案例中,均无人提起精神损害赔偿。

总之,我国精神损害赔偿适用的范围仅包括造成相关当事人死亡或者遭受较长时间的限制人身自由的情形,而在行使刑事职权过程中侵犯被害人财产权益的行为尚未纳入精神损害赔偿的范畴,即现阶段我国的刑事司法赔偿中适用精神损害赔偿的范围是有限的。

2. 精神损害赔偿适用程度

如前所述,我国适用精神损害赔偿的范围有限,通过对样本文书的梳理,还可以发现,在这些适用范围有限的样本文书中,精神损害请求也并非得到全部支持,赔偿义务机关最终决定的精神损害赔偿金额均远低于请求人请求的金额。

精神损害赔偿的适用程度,是属于司法自由裁量权范围内的一个问题。从司法公正公平的视角考量,这一自由裁量权的行使往往也需要一个标准来衡量。但这个标准如何确立,是个棘手的问题。比如,当事人的精神损害请求并未得到全部支持可以理解,但如果法院最终决定的精神损害赔偿金额均远低于申请人请求的金额,可能也会使社会公众困惑。例如,刑事司法赔偿实践中存在这样一个案例,在谭某某与湘潭市中级人民法院无罪国家赔偿案[21]中,请求人主张精神损害

〔20〕 参见(2016)甘06委赔1号。
〔21〕 参见(2016)湘03法赔3号。

赔偿金2,750,000元,而赔偿义务机关最终决定支付其精神损害赔偿166,218元,二者之间相差近15倍。同样的结果发生在常某某重审无罪国家赔偿决定书案[22]中,请求人主张精神损害赔偿1,100,000元,最终赔偿义务机关支持70,000元。在所收集到的样本文书中有同样结果的文书比比皆是,故将请求人提出的精神损害赔偿请求作为衡量精神损害赔偿适用程度的标准,显然不妥当。

那以什么标准来衡量精神损害赔偿适用的程度呢?前文表明,在大多数刑事司法赔偿案件中赔偿义务机关适用精神损害赔偿往往伴随对刑事司法赔偿请求人(或其家属)人身自由的限制,这就意味着在刑事司法赔偿的过程中,必然伴有侵犯人身自由的赔偿金的决定,故能否将赔偿义务机关决定的侵犯人身自由赔偿金的数额,与赔偿义务机关最终决定的精神损害赔偿金额的比较值作为衡量精神损害赔偿的适用程度呢?

笔者认为,答案是肯定的。理由有二:第一,《国家赔偿法》规定的适用精神损害赔偿的标准是对请求人(或其家属)造成严重损害后果,而赔偿义务机关决定适用的侵犯人身自由赔偿金数额的多少即是赔偿义务机关对请求人因限制人身自由而造成损害程度大小的认定,则将其作为精神损害赔偿适用程度的对比项具有较大程度的合理性;第二,由于侵犯人身自由赔偿金额由限制人身自由的天数与申请赔偿时的国家上年度职工日平均工资而确定(由限制人身自由的天数与国家上年度职工日平均工资相乘而得),即侵犯人身自由赔偿金额的多少具有确定性,故将其作为精神损害赔偿适用程度的对比项则比较具有可操作性。

由此可见,从作为赔偿义务机关的人民法院作出的47份获得精神损害赔偿的样本文书中随机抽取了10份样本文书,试图对样本文书中赔偿义务机关最终决定的精神损害赔偿金额占侵犯人身自由赔偿金额的百分比进行梳理,以期能厘清刑事司法赔偿过程中赔偿义务机关适用精神损害赔偿的程度。梳理之后,最终得到表4的数据。

---

〔22〕 参见(2016)吉委赔17号。

表 4 法院作为赔偿义务机关时侵犯人身自由赔偿金与精神损害赔偿金适用情形〔23〕

样本文书编号	侵犯人身自由赔偿金(元)	精神损害赔偿金(元)	精神损害赔偿金/侵犯人身自由赔偿金(%)
016	474,908	166,218	35.00
024	307,721	70,000	22.75
026	388,025.52	100,000	25.77
031	162,098.70	18,000	11.10
035	88,439.50	10,000	11.31
078	708,597	150,000	21.17
090	618,834.20	70,000	11.31
091	438,780.84	90,000	20.51
155	106,783.92	35,000	32.78
159	32,958	5000	15.17

通过对侵犯人身自由赔偿金与精神损害赔偿金的比较,如表 4 所示,人民法院在作为赔偿义务机关时,其适用精神损害赔偿金与侵犯人身自由赔偿金的百分比均介于 10% ~40% ,百分比平均值约为 20.69% 。相对于侵犯人身自由赔偿金的数额,精神损害赔偿金的适用程度还是较低,即使请求人被非法羁押了 2554 天(样本文书 090),接近 7 年的时间,其最终获得的精神损害赔偿仅为 7 万元。由此可见,在我国精神损害赔偿适用的程度较低。

综上所述,通过对样本文书中所体现的精神损害赔偿适用情况的梳理,可以得出两个要点:一方面,我国现阶段刑事司法赔偿过程中适用精神损害赔偿的范围有限,仅包括造成当事人死亡或者遭受较长时间的限制人身自由的情形,而对在行使刑事职权过程中侵犯请求人财产权利的行为尚未被纳入精神损害赔偿的范畴;另一方面,现阶段我国适用精神损害赔偿的程度较低,相对于请求人(或其家属)的人身自由赔偿金仍存在较大差距。

〔23〕 表格中的数据源于对所收集的 10 份样本文书的概括总结。

（三）救济如何创新？——协商和解制度的实践

请求人寻求权利救济的方式一般是向赔偿义务机关申请。按照《国家赔偿法》规定的救济程序，刑事司法赔偿请求人必须先向赔偿义务机关申请国家赔偿，然后赔偿义务机关进行书面审查后作出赔偿决定；请求人对作出的赔偿决定不服时，可根据赔偿义务机关的不同，依据《国家赔偿法》规定进行下一步的救济程序，以保证权益获得充分保障。

协商和解制度创新了原有的权利救济方式。通过梳理所收集到的刑事司法赔偿文书，可以发现在刑事司法赔偿实践中存在请求人与赔偿义务机关进行协商和解的情形。并且，早在2011年最高人民法院就通过了在刑事司法赔偿过程中适用协商和解制度的司法解释，即《最高人民法院关于人民法院赔偿委员会审理国家赔偿案件程序的规定》，其中第9条、第10条、第11条对这种协商和解制度的实施作了具体明确的规定。

值得肯定的是，这种协商和解制度的有效实施，能以较高的效率处理刑事司法赔偿请求人请求的事项，并且，可以通过自愿合法协商的方式让赔偿义务机关更直接、充分地了解请求人的诉求，从而更有利于保障请求人的合法权益。

一方面，和解协商制度的实施，有利于完善刑事司法赔偿纠纷多元化解决方式。相对于传统的赔偿义务机关书面审查模式，和解协商模式的实施可以让双方主体面对面地就赔偿方式、赔偿项目和赔偿数额进行商议，以便赔偿义务机关充分听取请求人的意见、看法和诉求，从而确保请求人的合法权益得到充分保障。另一方面，协商和解制度的实施可以缩减请求人寻求救济的时间。传统的刑事司法赔偿制度的实施，请求人对于赔偿义务机关作出的赔偿决定不服时，还需要区分赔偿义务机关的不同从而进一步采取相应的程序继续寻求权益救济，往往这几个程序顺利进行就需要花费大量的时间和经济成本，而协商和解制度的实施，使请求人和赔偿义务机关经过商议往往可以一次性或者在较短时间内就赔偿事项达成一致意见，从而让请求人经过一次程序或者较短时间就达到了权益救济的目的。当然，这种协商和解制度的实施必须要建立在赔偿义务机关和请求人双方主体自愿的基础上。

经过对样本文书的梳理,在346份国家赔偿文书中找到了15份经过协商和解制度解决争议的样本文书。尽管通过协商和解制度解决赔偿请求人与赔偿义务机关之间纠纷的数量偏少,但从实践结果来看,该制度还是有效地解决了刑事司法赔偿请求人与赔偿义务机关之间的纷争。因为经过协商和解达成一致意见,请求人获得了满意的救济结果后,就会停止继续寻求救济。该制度的实施充分彰显了协商和解制度的优越性与时效性,也更有利于将纠纷化解于基层。

此外,在通过协商和解制度解决刑事司法赔偿纠纷的15份样本文书中,发生在2014年的1份、2015年的5份、2016年的7份、2017年的2份。基于收集案件的不完整而排除2017年的样本文书后,可以发现,运用协商和解制度处理刑事司法赔偿纠纷案件的数量呈逐年上升的趋势。这也意味着此种新型的多元化解决刑事司法赔偿纠纷的制度正在刑事司法赔偿实践中发挥优势。

(四)主张何以失败?——请求人未能获得刑事司法赔偿的现实

在所收集的346份国家赔偿文书中,有205位请求人未能获得刑事司法赔偿,比例占到收集样本文书总数的59.25%。通过仔细阅读样本文书,可以发现,基于《国家赔偿法》对刑事司法赔偿条件的具体规定、刑事司法赔偿请求人自身的原因以及存在因相关刑事法律的修订致使刑事司法赔偿当事人无罪的情形时,请求人的赔偿请求均未能获得支持。

1. 请求人申请刑事司法赔偿的事由不符合《国家赔偿法》的规定

请求人请求的赔偿理由不符合《国家赔偿法》的规定,主要原因在于请求人违反了《国家赔偿法》规定的不溯及既往原则。

法律规定的不溯及既往原则要求刑事司法赔偿请求人遭受权利侵害的事实发生在《国家赔偿法》生效后。《国家赔偿法》于1995年1月1日生效实施,故根据不溯及既往原则,在刑事司法程序中赔偿义务机关行使职权侵害当事人合法权益的行为若发生在《国家赔偿法》生效前,则请求人就无法运用《国家赔偿法》的相关规定救济权益。但是,通过梳理,在所收集到的刑事司法赔偿文书中因请求人违反了不溯及既往原则而未被补偿的案例就有7份,如下所列。

样本文书255:王某芝、王甲等与钟祥市公安局违法使用武器、警械致死赔偿决定书案。[24] 在本案中,钟祥市公安局警察在刑事侦查过程中,使用枪支导致涉案嫌疑人寇某国死亡事件发生在1983年,而《国家赔偿法》生效实施于1995年,所以赔偿义务机关认定其不属于国家赔偿受案范围,故对王某芝等5人及钟祥市公安局提交的证据作出不予审查的决定,并维持了荆门市公安局荆公赔复决字(2016)01号刑事赔偿复议决定书,同时驳回赔偿请求人王某芝、王甲、王乙、寇某茂、何某英的国家赔偿申请。

样本文书256:沈某鸿申请江苏省苏州市中级人民法院刑事赔偿立案决定书案。[25] 本案中,侵犯沈某鸿合法权益的行为发生在1994年12月31日前,因此,本案不适用《国家赔偿法》,沈某鸿申请国家赔偿不属于国家赔偿受案范围,应依照以前的有关规定处理,故赔偿义务机关对赔偿请求人沈某鸿作出不予受理的决定。

样本文书257:王某义与汉滨区人民法院国家赔偿决定书案。[26] 本案中申请人王某义的国家赔偿请求事项所依据的安康市汉滨区人民法院(86)安县法刑判字第204号刑事判决书及本院刑上字(87)57号刑事判决书,在1994年《国家赔偿法》实施前已作出并生效,故王某义的赔偿申请不适用《国家赔偿法》的规定。安康市汉滨区人民法院作出(2017)陕0902法赔1号决定书,决定驳回王某义的国家赔偿申请。

类似的样本文书还有4份,结果都是赔偿义务机关不予受理,或者请求人继续申诉的又被人民法院赔偿委员会驳回申诉,维持原赔偿决定。

2. 因请求人自身适用法律救济的能力较弱而未能获偿

请求人自身适用法律救济的能力较弱,在刑事司法赔偿过程中主要表现在以下两个方面。一方面,请求人因错误选择救济程序而致使其未能获得国家赔偿,

---

〔24〕 参见(2016)鄂08委赔5号。

〔25〕 参见(2014)苏法委赔立字第00009号。

〔26〕 参见(2017)陕09委赔3号。

这种情形在所有收集的未能获赔的样本文书中占多数。经过统计，在205份未能获得刑事司法赔偿的样本文书中，就有50份显示请求人误将行政诉讼程序当作刑事司法赔偿程序来寻求权利救济。另一方面，因请求人申请刑事司法赔偿的期限超过法律规定的2年时效，也是赔偿义务机关不予赔偿的理由。

3. 因相关法律的修订致使刑事司法赔偿请求人无罪的情形

在刑事司法赔偿的司法实践中，还有导致请求人无法获得赔偿的重要原因，即因相关法律的修订致使被告人无罪的情况下，应按照刑事法律的规定予以释放，但根据《国家赔偿法》的规定，其在相关法律未变更前被羁押的期间不属于刑事司法赔偿的范畴。

在收集的样本文书中，属于因相关法律的修订致使刑事司法赔偿请求人无罪而未能获得赔偿的文书有3份，主要原因是2015年11月4日，全国人大常委会对《种子法》进行了修订，其中删除了该法第46条中“种子产地与标签标注内容不符”属于假种子的规定。经过梳理，由《种子法》的修订引起的刑事司法赔偿案件有3件，分别是杨俊忠与厦门市翔安区人民检察院国家赔偿决定书案、[27]陈加添与厦门市思明区人民检察院国家赔偿决定书案[28]和林朝阳与厦门市思明区人民检察院国家赔偿决定书案。[29] 于是，因法律未修订前被判处刑罚的被告人即因法律的修订而重获人身自由，却在之后的刑事司法赔偿中未能就此损害获得救济。

对于请求人未能获得刑事司法赔偿，赔偿义务机关厦门市思明区人民检察院和厦门市翔安区人民检察院给出的解释是，根据《国家赔偿法》第19条第3项的规定，符合《刑事诉讼法》第15条第6项“其他法律规定免于追究刑事责任的”情形，国家不承担赔偿责任。赔偿义务机关对此解释的合理性在于某些犯罪会随着形势、时间的变化而变化，某些犯罪的出罪、入罪数额也会发生变化，此时，行为人的行为之所以不构成犯罪是基于当时法律的变化，在法律发生变化前的羁押是符

---

〔27〕 参见(2016)闽02委赔2号。

〔28〕 参见(2016)闽02委赔3号。

〔29〕 参见(2016)闽02委赔4号。

合法律规定的,要求赔偿义务机关担责显然不合理。

三、我国刑事司法赔偿请求人权利救济现状的再思考

(一)影响律师参与刑事司法赔偿过程的因素

如上所述,律师在刑事司法赔偿过程中对充分保障请求人正确选择救济程序、保障权利的实现等方面发挥了重要作用。然而,在对收集的刑事司法赔偿样本文书进行梳理后发现,在346份刑事司法赔偿样本文书中,有106份中显示有律师参与,参与率为30.64%,具体情况如图3所示。其中,法律援助律师参与案件的样本文书仅为6份,在所选取的样本数据中法律援助律师参与率仅为6.67%,故本文所指的律师仅指申请人聘请的律师,而不包含应由司法行政机关依照《法律援助条例》指派的法律援助律师。

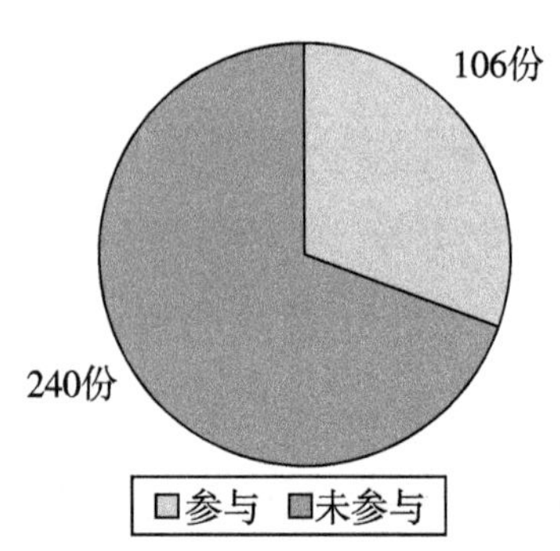

图3 律师参与刑事司法赔偿情况〔30〕

那么,影响律师参与刑事司法赔偿的因素又有哪些?在对样本文书进行对比分析的过程中发现,有律师参与的案件与没有律师参与的案件中,案件发生时间和地域分布两个方面存在差异。此外,在有律师参与的样本文书中,请求人主张的律师费用赔偿义务机关均作出不予支持的决定,其中参与刑事司法赔偿的律师费用均由请求人自己负担。

〔30〕 图中的数据源于对346份样本文书进行梳理之后计算得出。

一方面,可以预先作出这样一个假设:律师参与刑事司法赔偿受案件发生时间和地域分布的影响。为证明假设成立的可能性,就确有必要对律师参与的106份样本文书作对比分析,以期能够获取影响律师参与刑事司法赔偿的几个相关因素。

首先,探究案件发生的时间是否影响律师参与刑事司法赔偿。将时间作为影响因素考虑(并非仅从自然属性的时间维度展开)研究的主要出发点是,随着时间推移,法治国家建设、人权司法保障这一政治属性有何变化。在2012年至2016年,我国全面依法治国的稳步推进,在全面深化体制改革的背景下,司法体制改革取得显著成效,人权司法保障程度日益加强,并逐步影响刑事司法赔偿的各阶段。并且,在这个过程中,社会大众的权利意识、法治意识和法律观念亦会得到相应提升,日益完善的人权司法保障制度也影响刑事司法赔偿诉讼工作的开展。从理论上可以推论,在这样的背景下,刑事司法赔偿请求人寻求律师参与国家赔偿的概率会得到相应提升。

在对346份样本文书进行梳理后,排除所收集的2017年样本文书,可以得出如下论断:从2012年至2016年,律师参与刑事司法赔偿的案件数量与时间的推移成正比关系(见图4)。

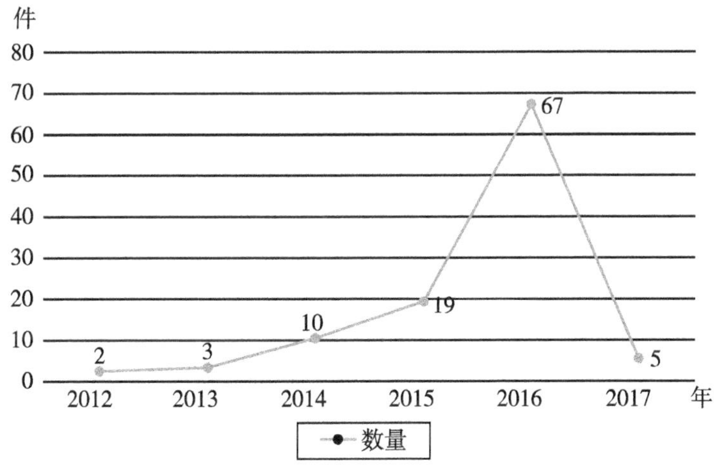

图4 2012~2017年律师参与刑事司法赔偿数量统计(以案件的审结时间为准)[31]

〔31〕 图中的数据源于对346份样本文书进行梳理之后计算得出。

由于2017年收集文书的时间截至2017年5月27日,为保证研究的科学性,2017年律师参与刑事司法赔偿案件的数量不与前5年数量作对比分析。如图4所示,从2012年到2016年,律师参与刑事司法赔偿案件的数量逐年上升,且2015年至2016年数量增幅最大,增长率约为252.63%。

显然,随着全面建设法治国家步伐的稳步推进,社会大众的权利意识和法治观念也日益加强,同时表现在刑事司法赔偿救济领域,人们寻求律师参与其中的比率亦逐年上升。因此,可以得出律师参与刑事司法赔偿案件的数量随时间推移呈上升趋势的结论,且决定这种上升趋势的并非单纯的时间因素,而是时间推移背后的社会属性、政治属性,即随着时间推移,全面依法治国的稳步推进,人权司法保障的逐步加强,律师参与刑事司法赔偿案件的比率亦会得到相应提高。

其次,探究刑事司法赔偿案件的地域分布对律师参与其中的影响。探究律师参与刑事司法赔偿案件与地域分布之间的关联性,就是分析相关地域的经济发展水平高低以及刑事司法赔偿请求人的经济能力强弱与聘请律师参与刑事司法赔偿之间的关联性。经济基础决定上层建筑,那么,根据这一规律是否能得出如下结论:在刑事司法赔偿请求人法律意识、权利意识等条件相当的情况下,居住在经济能力优越区域的请求人聘请律师的可能性大于居住在经济能力欠缺区域的请求人?

为了论证上述结论的合理性,在对106份有律师参与的刑事司法赔偿样本文书进行分析后,得出了律师参与刑事司法赔偿地域分布的具体情况(见图5)。根据图5,在2012年至2017年,律师参与刑事司法赔偿案件数量最多的省份是广东省,达到16件;其次是安徽省和吉林省;甘肃省和宁夏回族自治区为0件。其中,律师参与刑事司法赔偿案件数量由多至少按地域分布排序为:广东省、安徽省、吉林省、北京市、湖南省、辽宁省、山东省、陕西省、内蒙古自治区、福建省、四川省、江苏省、天津市、重庆市、广西壮族自治区、河北省、河南省、湖北省、浙江省、黑龙江省、江西省、上海市、山西省、青海省、云南省、贵州省、新疆维吾尔自治区、甘肃省、宁夏回族自治区。接着,为了考察个人经济能力对其选择律师参与刑事司法赔偿的影响,本文选取了人均居民可支配收入这一指标来说明当事人(或其家庭)的经济能力(见表5)。[32]

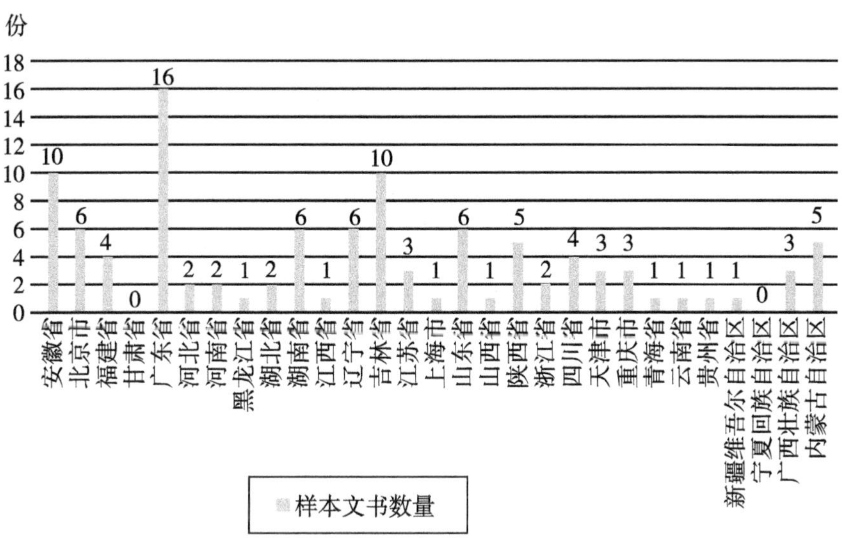

图5　律师参与刑事司法赔偿的地域分布(2012~2017年)[33]

表5　2013~2015年我国各省市居民人均可支配收入情况统计[34]

单位:元

地区	2013年	2014年	2015年	3年平均值
上海市	42,173.64	45,965.83	49,867.17	46,002.21
北京市	40,830.04	44,488.57	48,457.99	44,592.20
浙江省	29,774.99	32,657.57	35,537.09	32,656.55
天津市	26,359.20	28,832.29	31,291.36	28,827.62
江苏省	24,775.54	27,172.77	29,538.85	27,162.39
广东省	23,420.75	25,684.96	27,858.86	25,654.86
福建省	21,217.95	23,330.85	25,404.36	23,317.72
辽宁省	20,817.84	22,820.15	24,575.58	22,737.86
山东省	19,008.26	20,864.21	22,703.19	20,858.55
内蒙古自治区	18,692.89	20,559.34	22,310.09	20,520.77

[32] 人均可支配收入,是指反映居民全部现金收入能用于安排家庭日常生活的那部分收入,它是家庭总收入扣除交纳的所得税、个人交纳的社会保障费以及调查户的记账补贴后的收入。针对申请人聘请律师参与刑事司法赔偿,其要向律师支付劳务报酬,故人均可支配收入能较准确地反映其个人或者家庭的经济能力。

[33] 图中的数据源于对346份样本文书进行梳理之后计算得出。

[34] 表格数据源于中华人民共和国统计局网:http://www.stats.gov.cn/,最后访问日期:2018年6月24日。表格中3年平均值数据系笔者计算所得。由于从2013年起,国家统计局开展了城乡一体化住户收支与生活状况调查,2013年及以后数据来源于此项调查,故本次没有2012年的相关数据。

续表

地区	2013年	2014年	2015年	3年平均值
重庆市	16,568.67	18,351.90	20,110.11	18,343.56
湖北省	16,472.46	18,283.23	20,025.56	18,260.42
湖南省	16,004.90	17,621.74	19,317.49	17,648.04
吉林省	15,998.12	17,520.39	18,683.65	17,400.72
海南省	15,733.28	17,476.46	18,978.97	17,396.24
黑龙江省	15,903.45	17,404.39	18,592.65	17,300.16
安徽省	15,154.31	16,795.52	18,362.57	16,770.80
江西省	15,099.68	16,734.17	18,437.11	16,756.99
河北省	15,189.64	16,647.40	18,118.09	16,651.71
山西省	15,119.72	16,538.32	17,853.67	16,503.90
宁夏回族自治区	14,565.78	15,906.78	17,329.09	15,933.88
陕西省	14,371.55	15,836.75	17,394.98	15,867.76
四川省	14,230.99	15,749.01	17,220.96	15,733.65
河南省	14,203.71	15,695.18	17,124.75	15,674.55
广西壮族自治区	14,082.30	15,557.08	16,873.42	15,504.27
新疆维吾尔自治区	13,669.62	15,096.62	16,859.11	15,208.45
青海省	12,947.84	14,373.98	15,812.70	14,378.17
云南省	12,577.87	13,772.21	15,222.57	13,857.55
贵州省	11,083.06	12,371.06	13,696.61	12,383.58
甘肃省	10,954.40	12,184.71	13,466.59	12,201.90
西藏自治区	9740.43	10,730.22	12,254.30	10,908.32

综合比较图5和表5,从微观上看,律师参与刑事司法赔偿案件数量较多的分别是广东省、安徽省、吉林省、北京市、湖南省和山东省。其中,2013~2015年3年人均可支配收入平均值中只有北京市和广东省位于前6位,且律师参与刑事司法赔偿数量最多的广东省3年的人均可支配收入平均值也未能保持第一位,即律师参与刑事司法赔偿数量的多少按地域分布的顺序与3年人均可支配收入平均值的大小按地域分布的排序,并不具有相同的递增或递减规律。但从宏观上比较,3年人均可支配收入平均值较高的区域中,律师参与刑事司法赔偿案件的数量同样较多,如青海省、云南省和贵州省,这3个省份近3年人均可支配收入的平均值位

于后5位,其律师参与刑事司法赔偿的数量也同样较少,居于靠后位次。而律师参与刑事司法赔偿案件数量较多的广东省、安徽省和北京市,其近3年的人均可支配收入平均值则居于靠前位次。由此,在仅考虑地域经济发展水平对律师参与刑事司法赔偿的情况下,就可以肯定上述的假设,即在刑事司法赔偿请求人法律意识、权利意识等条件相当的情况下,居住在经济能力优越区域的请求人聘请律师的可能性大于居住在经济能力欠缺区域的请求人。

另一方面,律师代理费用的负担被赔偿义务机关不予支持是否能影响律师参与刑事司法赔偿的过程呢？答案是显而易见的。在对106份有律师参与的样本文书进行梳理的过程中发现,刑事司法赔偿请求事项无论是否得到了赔偿义务机关的支持,其中的律师费用均不予支持。而根据法律规定的求偿程序,请求人聘请律师参与刑事司法赔偿往往需要经历一个代理程序或多个代理程序,相应地,律师费用也是一笔不少的开支。从这个角度思考,将律师代理费用纳入刑事司法赔偿的过程,无疑会提升申请人聘请律师参与诉讼的可能性。因此,律师代理费用能否被纳入刑事司法赔偿的范围,也是影响律师参与刑事司法赔偿过程的主要因素。

综上论述,律师参与刑事司法赔偿的比例受时间、请求人的经济能力以及律师代理费用负担的影响。具体而言,第一,随着全面建设法治国家的稳步推进,社会大众的权利意识和法治观念也日益加强,同时表现在刑事司法赔偿救济领域,人们寻求律师参与的比率亦呈逐年上升的趋势;第二,在刑事司法赔偿请求人法律意识、权利意识等条件相当的情况下,居住在经济能力优越区域的请求人聘请律师的可能性大于居住在经济能力欠缺区域的请求人;第三,律师代理费用是否被纳入刑事司法赔偿的范围将会影响律师参与诉讼的比率。

(二)确定、规范精神损害赔偿适用的程度

通过对346份刑事司法赔偿决定书进行梳理,可以看出司法实践中我国刑事司法赔偿精神损害赔偿适用的范围,仅包括造成相关当事人死亡或者其遭受较长时间的限制人身自由的情形,其并没有将刑事诉讼过程中造成请求人相关财产损失的情形纳入精神损害赔偿的范畴。由于我国现行《国家赔偿法》没有将财产损害的情形

纳入精神损害赔偿的范围,基于法律秩序的稳定,司法实践中的做法无可争议。

但是,《国家赔偿法》规定了可以适用精神损害赔偿的几种情形,但对赔偿义务机关应该负担多大程度的精神损害赔偿的金额,却没有统一性的规定或者标准。即是说,在如何适用精神损害赔偿的程度时,《国家赔偿法》赋予了赔偿义务机关较大的自由裁量权,同时又没有赋予其行使该权力的标准或是限制。按照这个法律规定,司法实践中精神损害赔偿适用的程度至今仍未具有规范性、统一性的适用标准。通过对赔偿义务机关决定适用精神损害赔偿的85份样本文书进行梳理发现,即使是同一个赔偿义务机关就不同的司法赔偿案件所作的几份国家决定书,其作出的精神损害赔偿金额均没有体现某种规律性或标准,如同表4所列举的10份样本文书的内容所展示的那样。此外,赔偿义务机关作出的国家赔偿决定书中更没有详细说明确定精神损害赔偿数额的依据,即并没有像民事或刑事裁判文书那样对判决结果予以解释。

自由的行使需要有确定的边界,正如孟德斯鸠所言,"自由有这些巨大的好处,人们便滥用自由"。[35] 对于享有较大程度自由裁量权的赔偿义务机关来说更是如此,否则将会造成更严重的不公正现象。所以,确定、规范精神损害赔偿适用的程度确有必要。其一,确定、规范的精神损害赔偿适用程度可以积极回应社会大众对司法公信力的质疑。前文已经提及,面对新闻媒体频繁报道的刑事冤假错案及其后续的刑事司法赔偿的结果,越来越多的人对司法公正及司法公信力产生质疑,表现为我国刑事司法赔偿实践中每个赔偿义务机关(特别是同一个赔偿义务机关)对精神损害赔偿适用程度存在差异。而制定确定性和规范性的精神损害赔偿适用程度,可以对赔偿义务机关审理案件时行使《国家赔偿法》赋予的自由裁量权予以限制,从而更好地保障赔偿义务机关公正合法地适用精神损害赔偿制度,并在程序上积极回应社会公众对司法公信力的质疑。其二,确定、规范精神损害赔偿适用的程度亦是对刑事司法赔偿请求人寻求权利救济的最好保障。唯有精神损害赔偿适用程度确定和规范了,赔偿义务机关才能统一、确定地审理刑事司法

〔35〕 参见[法]孟德斯鸠:《论法的精神》(上),张雁深译,商务印书馆1961年版,第222页。

赔偿案件，即可以做到相同案件相同处理、不同案件区别对待。这对刑事司法赔偿请求人来说，无疑更公平，对其权利的救济亦是最大限度的保障。

制定确定、规范的精神损害适用程度确有必要，那么，该如何保证精神损害赔偿适用程度的确定化和规范化呢？本文在论证我国精神损害赔偿程度高低时，将赔偿义务机关决定的侵犯人身自由赔偿金的数额与赔偿义务机关最终决定的精神损害赔偿金额的比较值作为衡量精神损害赔偿程度高低的一个依据，并对其合理性作了充分论证。那么，对于制定确定化和规范化的精神损害赔偿适用程度亦可采用这个标准，即预先确定一个由精神损害赔偿金额/侵犯人身自由赔偿金计算而得到的百分比。当然，这个百分比大小的确定还需要由某个法定的机关统一制定。制定这样一种百分比并非多此一举，因为在对人民法院作为赔偿义务机关的10份样本文书分析时发现，人民法院最终决定的精神损害赔偿金额与侵犯人身自由赔偿金的比值大概在一个区间内上下浮动，介于10%～40%，百分比的平均值为20.69%，二者比值变化的具体趋势如图6所示。

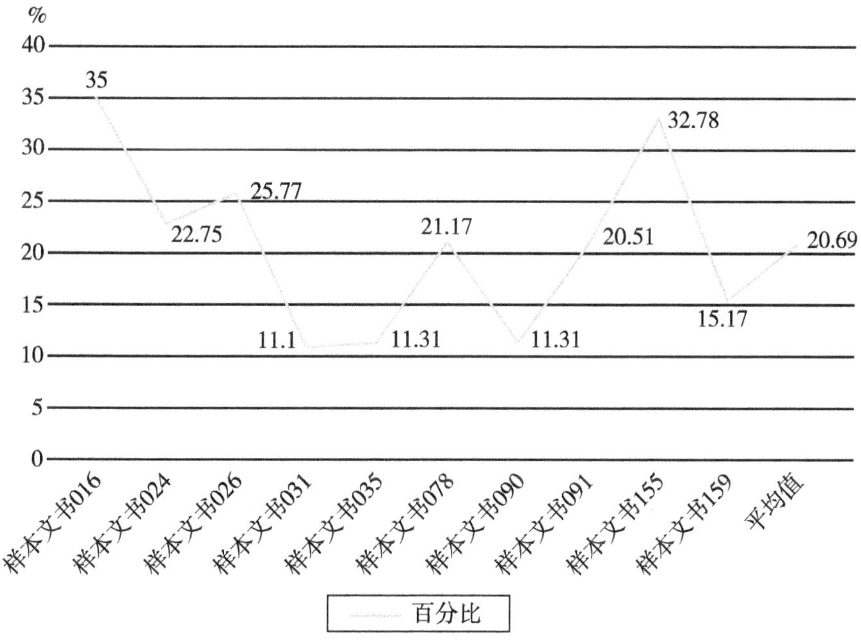

图6　精神损害赔偿金额与侵犯人身自由赔偿金的比值趋势[36]

[36]　图中的数据源于对346份样本文书进行梳理之后计算得出。

目前,我国虽然没有规定具体的精神损害赔偿数额,但司法实践过程却为最终确定精神损害赔偿金额标准提供了思路,即以侵犯人身自由赔偿金为基数确定一个百分比。当然,若有关机关欲确定这样一个百分比,图6的百分比变化趋势的区间数据只是提供了一种可行性依据,而并非一个有效的参考依据。因为相对于请求人的侵犯人身自由赔偿金,这个比值还是太低,正如前文显示我国刑事司法赔偿中适用精神损害赔偿程度总体较低一样。

那么,若要确定这样一个百分比,则必须考虑地域分布因素。因为地域分布的不同,地区经济发展水平的高低又不一致,正如表5所描述的,我国各省、自治区、直辖市的经济发展水平还参差不齐。故不区分地域而径直确定一个百分比,就会对生活在经济发展水平靠前地区的请求人有失公平。而精神损害赔偿金额的确定,又是保障刑事司法赔偿请求人权益的重要手段,这就要求这个百分比的确定需要在全国不同省、自治区、直辖市形成区别,唯有如此方能最大限度地保障刑事司法赔偿请求人的权利救济。

确定了百分比后,再根据个案确定的侵犯人身自由赔偿金数额则可以计算出相应的精神损害赔偿金额(精神损害赔偿金额=个案侵犯人身自由赔偿金数额×预先确定的百分比)。同样地,确定这个计算精神损害赔偿适用程度的公式亦具有合理性。其一,百分比的确定参考了现阶段赔偿义务机关最终确定精神损害赔偿金额与侵犯人身自由赔偿金之间的比值,这个比值在一个确定的区间范围内。同时,又因地制宜充分考虑了地域经济发展水平的差异性。其二,如前文所述,个案中侵犯人身自由赔偿金数额是确定的数字,再加上各区域统一、确定的百分比,即有效解决了精神损害赔偿适用程度的确定化和规范化问题。

(三)保证协商和解制度的有效实施

协商和解制度的有效实施,能以较高的效率处理刑事司法赔偿请求人请求的事项,且可以让赔偿义务机关更直接、充分地了解申请人的诉求,从而更有利于保障请求人的合法权益。凡事各有利弊,协商和解制度的良性运转,对刑事司法赔偿请求人来说能充分保障其权利救济,但该制度运行过程中若出现瑕疵,则会使其权利救济效果大打折扣。

这种会使请求人权利救济效果大打折扣的风险就在于，刑事司法赔偿请求人与赔偿义务机关可能不能进行平等的协商。之所以有这样的担忧，缘于以下两个方面的考量。其一，有的曾经遭遇不公正对待的刑事司法赔偿请求人（或其家属）惧怕与赔偿义务机关协商赔偿事项。其二，若遇到有的强势的赔偿义务机关，刑事司法赔偿请求人提出的协商和解请求不能被赔偿义务机关所接受，到最后可能不得不接受强势的赔偿义务机关的赔偿决定。

确保协商和解制度有效实施的关键在于，保证请求人和赔偿义务机关的平等地位。一方面，需要刑事司法赔偿请求人转变思想。作为自身权益受损的请求人，协商和解制度亦是其"为权利而斗争"的有效途径，该制度运行的结果相对于赔委会的救济有异曲同工之妙，故请求人应积极向赔偿义务机关表达诉求，据理而争，平等协商。另一方面，赔偿义务机关改变工作作风，积极听取请求人的诉求也尤为关键。此外，在现行协商和解制度的运行过程中，律师并未参与其中，若律师能参与其中，将会使请求人的诉求得到更充分的表达，救济的程度也将得到进一步加强。

（四）提升请求人适用法律的能力

梳理文书后可以发现，刑事司法赔偿请求人未能获得有效救济的原因主要是刑事司法赔偿请求人自身适用法律能力的缺失，故保障刑事司法赔偿请求人获得充分救济的重要方面应在于保证当事人对基本法律的理解和适用，不断提升其权利意识。

一方面，加大普法宣传力度、不断加大公民法治宣传教育，大力提升公民法治观念。法治宣传教育的目的在于使刑事司法赔偿请求人知悉《国家赔偿法》等救济法律规定的程序、范围和程度，这样方能避免刑事司法赔偿实践过程中出现请求人误将行政诉讼程序运用于刑事司法赔偿案件的情况。此外，法治宣传教育亦可提升广大公民的法治观念，在法治观念提升的同时必然伴随公民权利意识的加强，从而使公民在遭遇刑事司法赔偿案件时能自觉唤起权利救济意识，准确适用相关救济法律。

另一方面，在刑事司法赔偿过程中，赔偿义务机关也要尽最大可能向刑事司法赔偿请求人及其家属说明救济的渠道和相关适用的法律，在请求人遇到符合法律援助的情形时，亦要积极促成法律援助，充分保证请求人知悉救济信息的权利。

四、结语

法谚有云：无救济则无权利。对于刑事司法赔偿请求人来说，充分维护其合法权益的关键在于对其救济过程的保障。通过对中国刑事司法赔偿实践的现状进行梳理，发现刑事司法赔偿请求人寻求救济的过程还是存在主客观两个层面的障碍：一是主观层面的局限，刑事司法赔偿请求人适用法律能力的能力较低，且缺乏对相关救济程序的知悉，此外，刑事司法赔偿请求人寻求律师参与刑事司法赔偿的过程也是影响其权利救济结果的关键因素；二是客观层面的局限，目前我国刑事司法赔偿实践中适用精神损害赔偿的范围有限，适用程度也尚未形成统一、确定的标准。但是，值得肯定的是，协商和解制度在刑事司法赔偿过程中的运用，创新了刑事司法过程中的多元化纠纷解决机制，对刑事司法赔偿请求人充分实现权利救济和高效率地实现赔偿请求具有重大意义。

在未来的刑事司法赔偿实践中要充分重视几个方面的革新：首先，确保法律援助律师充分参与刑事司法赔偿，逐步将律师参与刑事司法赔偿的费用纳入赔偿的范围，从而进一步扩大律师参与刑事司法赔偿的程度；其次，要完善精神损害赔偿制度，积极结合时代背景，进一步拓宽精神损害赔偿的适用范围，建立同一区域内统一适用精神损害赔偿程度规则，确保刑事司法赔偿请求人充分享有经济保障；再次，要不断加大公民法治宣传教育，大力提升公民法治观念，特别是在刑事司法赔偿案件中，赔偿义务机关要尽可能地向刑事司法赔偿请求人说明救济的渠道和相关法律的适用，在遇到符合法律援助的情形，亦要积极促成法律援助，充分保障请求人知悉救济信息的权利；最后，在未来的刑事司法赔偿中也要继续完善、落实和创新协商和解制度，充分发挥这一多元化纠纷解决机制的积极作用，确保赔偿义务机关全面、充分、快速了解刑事司法赔偿请求人的诉求。

男性与女性养老观念对比研究

曹　鑫*

在中国传统社会的养老观念中，男性是承担养老责任的首要主体。在“祖先崇拜观念”的影响下，男性肩负着承续“香火”和“光宗耀祖”的光荣使命。因此，男性在传统家庭的养老实践中扮演着非常重要的角色，而女性在中国传统的养老实践中则处于附属地位。随着现代化进程的不断推进和人权保障意识的不断加强，男女平等观念的广泛传播对我国现代民众的养老观念产生了十分深远的影响。此外，由于工业化社会的流动性极大，人们异地生活的情况也在逐渐增加，加之20世纪七八十年代计划生育政策的实施，许多家庭只有一位女性后代等原因，传统养老实践中由男性负责承担父母养老责任的路径已难以继续适用。与此同时，随着专业分工的不断细化，越来越多的女性从家庭走向社会，并开始在现代社会发展中扮演重要角色。因此，伴随女性家庭角色的不断转变，我国传统养老实践中“男尊女卑”的观念在现代社会中是否发生改变，究竟发生了何种程度的转变，便成为了本文关注的核心问题。

学界对养老观念的性别差异已作出了有益的研究成果。有学者认为，受中国传统的文化习俗和父权制根深蒂固的影响，一般是儿子承担照顾父母的责

---

* 西南政法大学法学理论专业博士研究生。
本文为国家社科基金后期资助项目“当代中国人权话语体系的建构与国际表达的争取”（18FFX011）的阶段性成果。

任,但这一观念现在受到了很大冲击。[1] 实证研究表明,女性在现代社会养老实践中发挥越来越重要的作用。杨立雄等通过调研得出,家庭养老中的男性偏好已呈现明显的弱化趋势,无论是纯女户还是非纯女户家庭,在家庭资源的分配和使用上基本趋于性别上的平衡,而养老的期望也从依靠于男性转而希望依靠全部子女。[2] 但是,有学者认为养老观念的性别差异也存在东西之别与城乡之别。不同的调查地点,特别是东西、城乡的巨大差异,结论可能截然相反。并且,这些结论受到年龄阶段、婚姻状况、子女数量、年收入水平和学历等的影响。[3]

《老年人权益保障法》第5条规定:"国家建立和完善以居家为基础、社区为依托、机构为支撑的社会养老服务体系。"党的十八届三中全会通过的《中共中央关于全面深化改革若干重大问题的决定》强调要"积极应对人口老龄化,加快建立社会养老服务体系和发展老年服务产业"。中国共产党第十九次全国代表大会报告强调要"积极应对人口老龄化,构建养老、孝老、敬老政策体系和社会环境"。而对男性与女性养老观念的测量,是完善我国养老制度的前提和依据。"中国大众养老观念调查"通过对全国30个省、自治区、市(港澳台地区及海南省除外)选取的3964个样本进行调查访问,不仅测量了男性与女性对养老主体、养老内容和养老模式的基本认知,并且对男性与女性养老观念的变迁模式进行了深入研究,

[1] 参见祝昌鸿:《当前农村养老观变化探究》,载《湖北民族学院学报》(哲学社会科学版)2006年第2期;韦克难、许传新:《家庭养老观:削弱抑或强化——来自四川省的实证调查》,载《学习与实践》2011年第11期;于长永:《农民"养儿防老"观念的代际差异及转变趋向》,载《人口学刊》2012年第6期。

[2] 参见杨立雄、李星瑶:《性别偏好的弱化与家庭养老的自适应——基于常州市农村的调查》,载《江海学刊》2008年第1期。

[3] 参见王世斌等:《农村养老中的代际关系分析——基于广东省25个村的调查》,载《社会主义研究》2009年第3期;王跃生:《城乡养老中的家庭代际关系研究——以2010年七省区调查数据为基础》,载《开放时代》2012年第2期;魏利香、钟涨宝:《农村养老性别偏好影响因素分析》,载《西北农林科技大学学报》(社会科学版)2015年第2期。

最后对完善我国养老制度提出了相应建议。[4]

一、男性与女性对养老主体的基本认知

众所周知，在中国传统社会的养老观念与具体实践中，儿子是承担传宗接代责任的唯一主体，女儿在家庭血脉传递过程中的作用并不重要。因此，儿子是中国传统社会养老责任的实际承担主体，女儿在传统养老实践中并不承担实际的养老责任。随着平等观念的不断传播和女性地位在现代社会的不断提升，男性与女性对养老责任承担主体的具体认知有没有发生改变？通过不同性别与“您认为在养老中，谁应该承担更多的责任？”的交叉分析，我们测量了男性与女性对养老责任承担主体的具体认知（见表1）。

表1 性别差异与“您认为在养老中，谁应该承担更多的责任？”交叉分析

分类		子女	老年人自己	政府	其他	合计
男性	频率	1126	147	461	136	1870
	比例	60.2%	7.9%	24.7%	7.3%	100.0%
女性	频率	1133	143	437	131	1844
	比例	61.4%	7.8%	23.7%	7.1%	100.0%

资料来源：“中国大众养老观念调查”数据库。

（一）养老责任承担主体由单一逐渐趋向多元

从表1可以看出，男性与女性对养老责任承担主体的宏观认知基本保持一致，两者对“子女”承担养老责任的期待比例最高，对“政府”承担养老责任的期待

---

〔4〕“中国大众养老观念调查”（Chinese Public’ Ideas on Old-Age Care Survey，CPIOACS）是国家人权教育与培训基地西南政法大学人权研究院2014年主持的实证调研项目。本次调查采用异比分层、多阶段、等概率的方式抽取样本，初级抽样单位（Primary Sampling Units，PSU）为县级行政单位（4个直辖市以市为初级抽样单位），抽样框采用《全国分县市人口统计资料（2010）》中的县级行政单位名单及户数资料；次级抽样单位（Secondary Sampling Units，SSU）为乡镇/街道，抽样框采用行政区划网站及《2010中国建制镇基本情况统计资料》相关数据。此外，课题组按照误差率小于5%的精度要求，设计抽选出5000个样本，实际抽到4015个样本，最后有效采访3964个样本，有效率为98.72%。抽样范围覆盖了全国东中西部及东北地区共30个省、市、自治区（港澳台及海南省除外）的125个城市。最后，课题组通过运用SPSS对问卷的结果进行分析，建立了我们研究的数据库。

次之,对"老年人自己"承担养老责任的比例最低。首先,"子女"是承担养老责任的首要主体,男性与女性选择子女承担养老责任的比例最高(60.2%、61.4%),并且,女性选择子女承担养老责任的比例比男性选择该项的比例高1.2%。杨善华认为:"日常生活中,女性更多地倾向于家庭的生活,在抚养子女和赡养老人方面的付出更多,因此其与家庭成员相处的时间更长。当女性步入老年生活之后,她们对家庭成员会产生更多的期待。"〔5〕所以,女性对子女承担养老责任的期待更高,女性的养老责任感相对更强。

其次,随着社会养老的逐步推进,男性与女性对"政府"承担养老责任也存有一定期待。男性与女性选择政府承担养老责任的比例分别为24.7%和23.7%,男性比女性选择该项的比例高1%。通常情况下,男性为国家服务的时间更长,投入事业中的精力更多。因此,在步入老年生活后,男性比女性更期待从政府获得更多养老资源的支持和保障。因此,男性相对而言更期待政府承担养老责任。最后,"老年人自己"承担部分养老责任,也开始为男性民众和女性民众所接受。男性和女性选择老年人自己承担养老责任的比例分别为7.9%和7.8%,两者的差异极其微小(0.1%)。所以,男性和女性对老年人自己承担养老责任有同样的期待。

可以看出,传统的家文化和"责任伦理"在我国养老实践中持续发挥重要影响。〔6〕男性与女性对子女承担养老责任仍然存有非常强烈的期待,随着社会养老的不断推进和老年人自我养老能力的不断提高,男性与女性对政府和老年人自己承担养老责任开始存在一定程度的期待,女性对子女承担养老责任的期待相对更强烈,男性对政府承担养老责任的期待相对更高,养老责任承担主体开始由单一趋向多元。

---

〔5〕 参见杨善华:《以"责任伦理"为核心的中国养老文化——基于文化与功能视角的一种解读》,载《晋阳学刊》2015年第5期。

〔6〕 "责任伦理"主要表现在老年人与子女相处时秉持责己严、待人宽的态度。每一代父母都是高标准要求自己,在抚养子女时,他们不计回报地付出,而到了需要被赡养时,他们仍然愿意降低自己的生活标准,尽量帮扶子女,直到自己丧失了付出能力,他们仍把降低子女的付出作为自己的标准。参见杨善华:《以"责任伦理"为核心的中国养老文化——基于文化与功能视角的一种解读》,载《晋阳学刊》2015年第5期。

(二)“养儿防老”有深厚的观念基础,男性的认可程度更高

在“光宗耀祖”和延续“香火”等观念的影响下,男性在我国传统养老实践中发挥核心作用。我国传统社会的“养儿防老”观念十分普遍,男性后代不仅是重要的劳动力和家庭经济来源,也是家族香火延续的象征。因此,“养儿防老”观念又在某种程度上影响了传统社会重男轻女的观念。随着现代进程的不断加快,平等、文明、独立等观念逐渐深入人心,女性开始在现代社会的养老实践中发挥越来越重要的作用。为了测量民众对“养儿防老”观念的认知是否已发生很大程度的转变,我们在题目“您是否赞同‘养儿防老’?”中测量了男性与女性对该问题的具体认知(见表2)。

表2 性别差异与“您是否赞同‘养儿防老’?”交叉分析

分类		赞同	不赞同	合计
男性	频率	1097	777	1874
	比例	58.5%	41.5%	100.0%
女性	频率	1018	830	1848
	比例	55.1%	44.9%	100.0%

资料来源:“中国大众养老观念调查”数据库。

“养儿防老”观念仍然具有较深厚的民众基础。通过表2可以看出,男性与女性赞同“养儿防老”观念的比例分别为58.5%和55.1%,男性与女性对“养儿防老”观念都表现出较高的认同度,可见,我国传统的养老观念在现代社会依然有着较为深厚的民众基础。其中,男性比女性赞同该观念的比例高3.4%,因此,“养儿防老”观念在男性民众中有着更深厚的基础,男性对该观念的认同比例更高。与此同时,随着现代养老模式的不断推广,男性与女性对“养儿防老”观念的反对比例已有了一定程度的提升,女性比男性反对该观念的比例同样高3.4%,所以女性对该观念的反对比例相对传统观念而言,已出现了较大幅度的提升,女性的养老主体意识在现代社会已然出现了很大程度的提高,女性在我国现代社会的养老实践中开始发挥越来越重要的作用。

（三）“儿子和女儿一样养老”已成男性与女性的普遍共识

一般认为，我国传统观念认为“嫁出去的女儿，泼出去的水”。在传统社会中，女儿出嫁后就不再承担父母的养老责任，同时也不参与对父母遗产的继承，而是作为夫家的主要劳动力，来操持家务和赡养公婆。随着现代化进程的不断深入，“女性能顶半边天”的观念已深入人心，女性在养老实践中的重要作用也开始不断凸显。为了能够准确测量男性与女性对女儿在现代社会养老实践中发挥作用的基本认知，我们设置了“您是否赞同‘嫁出去的女儿，泼出去的水’？”这道题目（见表3）。

表3　性别差异与“您是否赞同‘嫁出去的女儿，泼出去的水’？”交叉分析

分类		赞同	不赞同	合计
男性	频率	405	1467	1872
	比例	21.6%	78.4%	100.0%
女性	频率	272	1576	1848
	比例	14.7%	85.3%	100.0%

资料来源：“中国大众养老观念调查”数据库。

不赞同“嫁出去的女儿，泼出去的水”已成为男性与女性的共识。通过表3可以发现，男性和女性在现代社会均不赞同“嫁出去的女儿，泼出去的水”的传统养老观念。其中，男性不赞成该观念的比例为78.4%，女性不赞成该观念的比例为85.3%。可以看出，反对“嫁出去的女儿，泼出去的水”在现代社会已成为男性与女性的“基本常识”。此外，我们可以看出不赞同该观念的女性比男性比例高6.9%，可见，女性比男性更反对“嫁出去的女儿，泼出去的水”的传统观念。最后，为了进一步测量女性在养老实践中发挥的重要作用，我们设置了“您是否赞同‘儿子和女儿一样养老’？”这道题（见表4）。

表4　性别差异与“您是否赞同‘儿子和女儿一样养老’？”交叉分析

分类		赞同	不赞同	合计
男性	频率	1621	253	1874
	比例	86.5%	13.5%	100.0%

续表

分类		赞同	不赞同	合计
女性	频率	1660	194	1854
	比例	89.5%	10.5%	100.0%

资料来源:"中国大众养老观念调查"数据库。

"儿子和女儿一样养老"已成为男性与女性的普遍共识。从表4中可以发现,男性和女性赞同该观念的比例分别为86.5%与89.5%,男性与女性赞同该观念的比例均非常高。其中,女性比男性赞同该观念的比例高3%,所以女性比男性更认可"儿子和女儿都一样养老"的养老观念。可见,女性在现代社会中的养老地位已得到了实质性的提升,女儿实际上开始在我国的养老实践中扮演着非常重要的角色,"儿子和女儿一样养老"也已成为男性与女性的共识性认知,女性比男性对该观念的认同比例更高。

总而言之,子女依然是男性与女性养老观念中应当承担养老责任的首要主体,但男性与女性对养老责任承担主体的多元化认知趋势已十分明显。并且,男性与女性对养老责任承担主体的认知倾向存在一定差异,女性对子女承担养老责任的期待更高,男性对政府承担养老责任的期待相对更高,男性与女性对老年人自己承担养老责任的认知差异并不明显。此外,我国传统的"养儿防老"观念仍然具有较深厚的民众基础,随着现代养老文化的不断传播,男性与女性对"养儿防老"观念的反对比例已有一定程度的提升。最后,反对"嫁出去的女儿,泼出去的水""儿子和女儿一样养老"已成为男性与女性的基本共识,且女性相应的反对比例和赞同比例都相对更高,女性实际上在我国养老实践中开始发挥越来越重要的作用。

二、男性与女性对养老内容的基本观念

(一)男性与女性对养老内容存在多元化认知

在我国传统养老文化中,养老的内容主要包括"养老"(物质养老)、"敬老"

(精神尊老)和"送老"(依礼送葬)三个方面。送老是三者中重要的部分,敬老次之,而养老则被置于最后的位置。[7]《老年人权益保障法》第14条规定:"赡养人应当履行对老年人经济上供养、生活上照料和精神上慰藉的义务,照顾老年人的特殊需要。"因此,经济供养、生活照顾和精神慰藉共同构成了我国目前养老实践的主要内容。那么,随着养老文化的不断革新,男性与女性对养老内容存在怎样的认知?为此,我们通过性别差异与"您认为养老的内容主要包括哪些方面?(多选)"这道题目的交叉分析进行了测量(见表5)。

表5　性别差异与"您认为养老的内容主要包括哪些方面?(多选)"交叉分析

分类		经济供养	生活照料	精神慰藉
男性	频率	1590	1289	879
	比例	83.8%	67.9%	46.3%
女性	频率	1626	1300	886
	比例	87.1%	69.6%	47.5%

资料来源:"中国大众养老观念调查"数据库。

从表5可以看出,"经济供养"是男性与女性养老观念的首要内容。男性与女性选择经济供养的比例都非常高(83.8%、87.1%),并且,女性比男性选择经济供养的比例高3.3%。所以,女性比男性更重视经济供养。此外,"生活照顾"是男性与女性养老观念的重要组成部分。男性与女性选择生活照顾的比例分别为67.9%和69.6%,女性比男性选择生活照顾的比例高1.7%。最后,"精神慰藉"也得到了男性与女性一定程度的重视。男性与女性选择精神慰藉的比例分别为46.3%%和47.5%,女性比男性选择该项的比例高1.2%。因此,男性与女性对养老内容存在多元化的认知。

(二)男性与女性对养老内容的认知偏好基本保持一致

一般认为,男性与女性对养老内容的认知是历史、文化和制度等因素综合作用的结果。随着现代养老文化的不断传播,男性与女性对养老内容的认知有没有

---

[7] 参见姚远:《养老:一种特定的传统文化》,载《人口研究》1996年第6期。

发生转移？为了能够进一步测量男性与女性对养老内容的具体偏好，我们通过性别差异与“以下养老内容中，您更看重哪一个？”（单选）这道题目的交叉分析进行了测量（见表6）。

表6 性别差异与“以下养老内容中，您更看重哪一个？”交叉分析

分类		经济供养	生活照料	精神慰藉	合计
男性	频率	852	558	390	1800
	比例	47.3%	31.0%	21.7%	100.0%
女性	频率	786	667	340	1793
	比例	43.8%	37.2%	19.0%	100.0%

资料来源：“中国大众养老观念调查”数据库。

从表6可以看出，“经济供养”是男性与女性最看重的养老内容。男性与女性选择经济供养的比例最高（47.3%、43.8%），男性比女性选择经济供养的比例高2.4%，所以男性比女性更看重经济供养。此外，“生活照顾”的重要性在男性与女性养老观念中仅次于经济供养，男性与女性选择生活照顾的比例分别为31.0%和37.2%，女性比男性选择生活照顾的比例高6.2%，可见女性比男性更看重生活照料。最后，男性与女性对“精神慰藉”的重视程度不足。男性与女性选择精神慰藉的比例最低（21.7%、19.0%），男性比女性选择精神慰藉的比例高2.7%，所以男性比女性更注重精神慰藉。

（三）男性与女性对养老具体内容的认知存在共识和差异

事实上，男性与女性对养老内容的多元化认知仍然存在诸多差异和共识。为了测量男性与女性对养老内容需求的具体状况，我们选择了身体健康、家人陪伴、衣食无忧、居住环境、有老朋友、有娱乐学习生活6个方面，进一步测量了男性与女性对养老内容的具体认知，我们通过性别差异与“认为好的老年生活包括哪几个方面？”（单选）这道题目的交叉分析进行了测量（见表7）。

表7 性别差异与“认为好的老年生活包括哪几个方面?”交叉分析

分类		身体健康	衣食无忧	居住环境	家人陪伴	有娱乐学习生活	有老朋友
男性	频率	1616	1326	1260	1383	865	1133
	比例	85.1%	69.9%	66.4%	72.9%	45.6%	59.7%
女性	频率	1664	1393	1347	1466	1014	1204
	比例	89.1%	74.6%	72.1%	78.5%	54.3%	64.5%

资料来源:“中国大众养老观念调查”数据库。

从表7可以看出,“身体健康”是决定老年人生活质量的首要因素。李瑞芬等认为,经济供养、生活照料、精神慰藉三者都对老人的生活质量有重要影响,而老年人的健康状况是决定老年人生活质量的关键因素之一。[8] 调研结果显示,男性与女性选择身体健康的比例最高(85.1%、89.1%),且女性比男性选择该项的比例高4%。所以,女性比男性更关注身体健康状况对养老质量的重要影响。此外,“家人陪伴”对老年人生活质量同样发挥着重要作用,男性与女性选择家人陪伴比例仅次于身体健康。其中,男性与女性选择家人陪伴的比例分别为72.9%和78.5%,女性比男性选择该项的比例高5.6%。所以,女性比男性有着更强烈的家庭观念,且更看重家人陪伴对老年人生活的重要意义。

此外,男性与女性选择“衣食无忧”的比例分别为69.9%和74.6%,女性比男性选择该项的比例高4.7%,所以女性比男性更看重老年人养老中的衣食状况。与此同时,男性与女性选择“居住环境”的比例分别为66.4%和72.1%,女性比男性选择该项的比例高5.7%,所以女性比男性更重视居住环境在养老中发挥的作用。最后,“有娱乐学习生活”“有老朋友”也是测量老年人生活质量的重要组成部分。男性与女性选择“有老朋友”的比例分别为59.7%和64.5%,女性比男性选择该项的比例高4.8%,所以女性比男性更重视老朋友在老年人精神生活中发挥的重要意义。而男性与女性选择“有娱乐学习生活”的比例分别为45.6%和54.3%,女性比男性选择有娱乐学习生活的比例高8.7%,可见,女性比男性更看重娱乐学习生活对于提升老年人精神生活质量的重要性。

---

〔8〕 参见李瑞芬、童春林:《中国老年人精神赡养问题》,载《中国老年学杂志》2006年第12期。

总而言之,男性与女性在现代社会中对养老内容的认知位阶,相对传统而言已发生了一定程度的转变。从养老内容来看,经济供养已成为男性与女性养老观念的首要内容,这种倾向提示我们注意,在我国养老实践中,男性与女性对经济供养有着更强烈的实践偏好。此外,调研结果提示我们,男性与女性对精神慰藉的重视程度普遍不足,则成为我国老年人养老质量提高的现实阻碍。最后,在男性与女性对 6 项养老内容的具体认知中,身体健康是男性与女性最关注的养老内容,家人陪伴次之,衣食无忧、居住环境、有老朋友和有娱乐学习生活同样是男性与女性养老观念的重要组成部分,并且,女性比男性选择上述内容的比例均高也说明了女性相对男性而言在我国养老实践中逐步提供着更多帮助。

三、男性与女性对养老模式的认知偏好

养老模式是测量男性与女性养老观念基本现状和发展趋势的重要维度。家庭养老本身就是中国传统文化的一种表现。[9] “家庭养老既是文化模式,又是行为方式。”[10]家庭养老是我国传统的养老模式,随着工业化进程的不断推进,家庭规模的日益小型化和家庭结构的持续核心化,构成了我国现代家庭结构的主要特征。居住方式是家庭结构的直接体现,对居住方式的准确把握是我们测量男性与女性对养老模式认知的基本前提。为了考察我国家庭结构在现代化影响下发生了怎样的变化,我们通过“您目前的居住方式是哪种?”这道题目进行了测量(见表8)。

〔9〕 参见钟永圣等:《中国传统家庭养老的演进:文化伦理观念的转变结果》,载《人口学刊》2006 年第 2 期。

〔10〕 参见姚远:《中国家庭养老研究述评》,载《人口与经济》2001 年第 1 期。

表8 "您目前的居住方式是哪种?"测量分析

居住方式	频率	百分比(%)
单身户	610	15.6
夫妻户(夫妻同住,没有子女)	569	14.6
两代户(父母与子女同住)	1688	43.2
三代户(夫妻、父母与子女同住)	631	16.2
隔代户(爷爷奶奶等与孙子孙女同住)	106	2.7
其他	302	7.7
合计	3906	100

资料来源:"中国大众养老观念调查"数据库。

通过表8可知,两代户是中国家庭的主力结构,民众选择两代户(父母与子女同住)的比例最高(43.2%),作为中国传统主力家庭结构的三代户(夫妻、父母与子女同住)的比例仅为16.2%,单身户的比例为15.6%,夫妻户(夫妻同住,没有子女)的比例为14.6%,隔代户(爷爷奶奶等与孙子孙女同住)的比例为2.7%。可见,两代户取代三代户开始成为我国现代家庭居住的主力结构,并且,其他居住方式也开始为民众的居住安排提供了多元化的选择方案。此外,本次调研数据也使我们注意到,男性与女性对养老模式的认知仍然存在诸多区别和联系。

(一)男性与女性均期待"老年人和子女一起居住"

如前所述,我国民众目前居住的主力结构为父母子女同住的两代户,且居住结构的日益多元化也开始成为我国民众居住安排的发展趋势。那么,男性与女性的实际居住安排与居住意愿是否保持一致,便成为我们要测量的重要问题。为了考察男性与女性对居住方式有着何种期待?我们通过性别差异与"您更赞同哪种居住方式?"这道题目的交叉分析进行了测量(见表9)。

表9 性别差异与"您更赞同哪种居住方式?"交叉分析

分类		老年人和子女一起居住	老年人去养老院居住	老年人自己居住	合计
男性	频率	1122	368	394	1884
	比例	59.6%	19.5%	20.9%	100.0%

续表

分类		老年人和子女一起居住	老年人去养老院居住	老年人自己居住	合计
女性	频率	1017	354	484	1855
	比例	54.8%	19.1%	26.1%	100.0%

资料来源:"中国大众养老观念调查"数据库。

首先,男性与女性对"老年人和子女一起居住"的认可度最高,我国传统的居住方式在男性与女性的养老观念中仍然有深厚的观念基础。从表9中可以看出,男性与女性选择老年人和子女一起居住的比例分别为59.6%和54.8%,男性比女性选择这种居住方式的比例高4.8%,所以男性对老年人和子女一起居住有更强烈的期待和向往。其次,男性与女性选择"老年人自己居住"也占据了一定比例。男性与女性选择老年人自己居住的比例分别为20.9%和26.1%,特别是女性比男性选择该居住方式的比例高5.2%,可见,女性对老年人自己居住的期待更高。最后,男性与女性选择"老年人去养老院居住"居住的比例最低。男性和女性选择该项的比例分别为19.5%和19.1%,男性与女性选择养老院居住方式的比例差别不大(0.4%),所以男性与女性都不太认可养老院的居住方式。

(二)养老院养老缺乏民众支持,女性反对养老院养老的比例更高

随着现代养老模式的不断推进,养老院已成为现代社会化解养老问题的重要方案。然而,男性与女性对养老院养老的模式究竟存在怎样的认知?为此,我们通过性别差异与"您是否愿意把自己的父母送到养老院去养老?"这道题目的交叉分析进行了测量(见表10)。

表10　性别差异与"您是否愿意把自己的父母送到养老院去养老?"交叉分析

分类		愿意	不愿意	合计
男性	频率	490	1315	1805
	比例	27.1%	72.9%	100.0%
女性	频率	443	1361	1804
	比例	24.6%	75.4%	100.0%

资料来源:"中国大众养老观念调查"数据库。

养老院养老模式在男性和女性的养老观念中普遍缺乏深厚的观念基础。通过表10可知,男性和女性反对养老院养老的比例分别为72.9%和75.4%,女性比男性反对养老院养老的比例高2.5%,所以女性相对男性而言更不能接受养老院养老的基本模式。可见,我国传统养老文化对男性和女性养老观念仍然持续产生非常重要的影响。随着现代养老文化的不断传播和养老模式的逐步推进,女性的赡养观念和赡养能力也在逐渐提高,并在我国养老实践中开始发挥越来越重要的作用。因此,女性在养老观念中更不愿意送父母到养老院养老。

(三)男性与女性对养老院养老的认可程度已有所提高

如前所述,养老院在西方国家的养老实践中已发挥非常重要的作用。那么,随着我国家庭结构和民众观念的不断转变,养老院养老是否将会成为解决我国养老问题的未来趋势。为了测量男性与女性对养老院养老模式在我国未来养老实践发展前景的具体认知,我们通过性别差异与“如果您老了,您是否愿意去养老院养老?”这道题目的交叉分析进行了测量(见表11)。

表11　性别差异与“如果您老了,您是否愿意去养老院养老?”交叉分析

分类		愿意	不愿意	合计
男性	频率	772	1034	1806
	比例	42.7%	57.3%	100.0%
女性	频率	788	1012	1800
	比例	43.8%	56.2%	100.0%

资料来源:“中国大众养老观念调查”数据库。

一方面,男性和女性仍然并不十分看好养老院养老模式在我国未来的发展前景。通过表11可知,男性和女性反对养老院养老的比例分别为57.3%和56.2%,男性比女性反对该项的比例高1.1%,所以男性相对而言更不看好养老院在我国未来养老实践的发展前景。另一方面,男性和女性对养老院发展前景的认知还是有一定程度的提高。表10中男性和女性赞同将父母送进养老院养老的比例分别为27.1%和27.6%,而表11中男性和女性赞同自己老了后去养老院养老的比例则分别为42.7%和43.8%,两者分别提高了15.6%和16.2%。因此,在现代化进程的不断影响下，男性和女性对养老院养老模式的认可程度已有了一定程度的提高。

综上所述，虽然从形式上来看，我国家庭已呈现以父母子女共同居住的两代户为核心的家庭结构，民众多元化的居住方式似乎也对传统养老模式的持续发展造成了一定程度的阻碍，但男性和女性对老年人和子女一起居住的强烈期待，也显示出我国传统家庭养老模式在现代社会依然有深厚的民众基础和实践动力。此外，尽管男性和女性对养老院养老的模式在现代和将来的发展前景并不十分看好，但男性和女性对养老院养老模式的认同度已出现了一定程度的提高，也为养老院养老在我国未来养老实践中发挥作用提供了诸多可能。

四、基于实证数据的基本结论与对策建议

（一）男性与女性养老观念的基本状况

如前所述，在老龄化、家庭规模的小型化和家庭结构的日益核心化、工业化和家文化变迁的影响下，中国传统的养老环境已发生了很大程度的改变。一直以来，“反哺模式”与“接力模式”是研究养老观念变迁的核心范畴。[11] 在现代化的发展进程中，“反哺模式”是否必然让位于“接力模式”？[12] 调研结论显示，男性和女性养老观念变迁是“反哺模式”与“接力模式”在现代社会融合的必然结果。具体而言，男性和女性对养老主体、养老内容和养老模式的观念都呈现“反哺模式”与“接力模式”融合的基本状况。

第一，从对养老主体的认知来看，子女是应当承担养老责任的首要主体仍然

〔11〕 关于“反哺模式”与“接力模式”的基本阐述，参见费孝通：《家庭结构变动中的老年赡养问题——再论中国家庭结构的变动》，载《北京大学学报》（哲学社会科学版）1983 年第 3 期。

〔12〕 李银河等认为，反哺关系与接力关系是农业文化与现代工业文化之间的区别，而在我国现阶段的城市文化中，反哺关系正逐步让位给接力关系。10 多年后，她认为，中国家庭文化是否能够实现从家本位向个人本位、从家族主义向个人主义转变还需进一步研究。参见李银河、陈俊杰：《个人本位、家本位与生育观念》，载《社会学研究》1993 年第 2 期；马春华等：《中国城市家庭变迁的趋势和最新发现》，载《社会学研究》2011 年第 2 期。

是男性与女性养老观念的基本共识。可见,传统养老文化及其塑造的反哺模式,在我国男性和女性的养老观念中依然持续产生重要影响。此外,随着现代化进程的不断推进,男性和女性对政府和老年人自己承担养老责任也开始有一定程度的期待,男性和女性对养老责任承担主体的认知也开始呈现多元化的发展趋势。女性对子女承担养老责任的期待更高,而男性对政府承担养老责任的期待更高。这表明,男性与女性的养老观念仍然存在诸多差异。可以看出,现代化和接力模式对男性与女性养老观念同样产生了非常重要的影响。此外,受访者对"养儿防老"观念的过半数赞同,也显示出反哺模式在男性和女性的养老观念中持续产生重要影响。然而,就女性对该观念的反对比例相对传统而言,已有一定程度的提升也提示我们,在现代化和接力模式的影响下,女性养老主体责任感正在逐步增强。最后,男性和女性对"嫁出去的闺女,泼出去的水"观念的普遍反对和对"儿子女儿一样养老"观念的普遍赞同,也显示出在现代化的影响下,接力模式的一些理念已对男性和女性养老观念产生了重要影响。

第二,男性与女性养老观念的融合不仅表现在物质方面,同时也体现在家人陪伴等非物质方面。众所周知,中国人对西方"空巢"模式的反感,主要是从老年人精神上缺少家人慰藉而产生的,所以缺乏对老年人的精神关照是接力模式的显著弊端,而我国传统反哺模式区别于接力模式的重要特征便在于,老年人能够尽享"天伦之乐"。从本次调研结论来看,男性和女性对养老内容的认知呈现重视"经济供养"而忽视"精神慰藉",则体现了接力模式的显著影响。此外,男性与女性对家人陪伴的期待和向往仅次于身体健康则说明,在现代化的影响下,男性与女性对家人陪伴依然有非常强烈的期盼,同时也说明了我国传统反哺模式的理论要求在男性与女性的养老观念中持续产生重要影响。最后,女性比男性更看重身体健康、衣食无忧、家人陪伴、居住环境、有娱乐学习生活和有老朋友均显示出,接力模式对女性养老观念产生了全面显著的影响,女性已经在我国的养老实践中扮演非常重要的角色。

第三,男性和女性对养老模式的认知偏好也体现了两种模式的相互融合。王跃生认为,三代以上直系家庭的减少和核心、夫妻家庭的增加是"反哺模式"走向

“接力模式”的重要标志。[13] 从本次的调研结果和相关数据来看，父母与子女同住的两代户并没有呈现逐渐增长的趋势，父母、子女和孙子女同住的三代直系家庭的比例也保持了极高的稳定性。[14] 可见，我国家庭结构变迁并没有呈现向接力模式发展的显著特征。此外，接力模式并不看重父母与子女同住的比例，但男性和女性对“老年人和子女一起居住”的期待则呈现反哺模式的显著特征，特别是男性选择该居住的比例更高，则显示反哺模式在男性的养老观念中有着更深厚的观念基础。然而，我们发现男性与女性选择“老年人自己居住”“老年人去养老院居住”也占据了一定比例。并且，虽然男性和女性反对将自己父母送到养老院养老的比例都非常高，但男性和女性愿意自己将来去养老院养老的比例还是分别有了一定程度的提高，可知，接力模式对男性与女性养老观念已然产生了重要影响。

总而言之，在现代化的影响下，男性和女性养老观念存在诸多差异和共识，男性和女性养老观念既保留了反哺模式的重要内容，同时也接受了接力模式的诸多理念。男性和女性养老观念变迁的融合特征提示我们，男性和女性养老观念变迁同时受到反哺模式和接力模式的共同影响，两者的融合状况将会在很长一段时间内，影响男性和女性养老观念未来变迁的基本路径。

（二）完善我国养老政策和制度的对策和建议

本文以定量研究的方法测量了男性和女性对养老主体、养老内容和养老模式的基本认知，男性和女性养老观念的融合状态为进一步完善我国的养老政策和制度提供了可能路径。

第一，重视家庭养老，逐步提高子女承担养老责任的能力。调研结果显示，男

[13] 赵晓力认为，三代以上直系家庭（其主体为三代直系家庭。——笔者注）同时承担抚养和赡养职能，可以作为反哺模式的指示器。虽然夫妻家庭出现了一定程度的增长（4.78%、6.49%、12.93%、14.6%），但赵晓力认为 1982～2000 年夫妻家庭比例上涨是由于独生子女的政策效应。并且，我们 2014 年的调研数据相对 2000 年的数据仅增长了 1.67%，也依然不足以说明夫妻家庭的大幅度增加。参见赵晓力：《中国家庭正在走向接力模式吗》，载《文化纵横》2011 年第 6 期。

[14] 有关 1982 年、1990 年、2000 年 3 次人口普查中关于两代户、三代直系家庭的相关数据。参见王跃生：《当代中国家庭结构变动分析》，载《中国社会科学》2006 年第 1 期。

性和女性都认为子女是承担养老责任的首要主体,且“养儿防老”观念在男性与女性的养老观念中依然有重要影响。此外,反对“嫁出去的女儿,泼出去的水”和赞同“儿子女儿一样养老”均提示我们,要进一步完善子女承担养老责任的相关制度。调研结果提示我们,女性在我国养老实践中已产生非常重要的影响。所以,我们同时也要为女性在我国养老中发挥作用提供更多的支持。政府应逐步完善女性承担养老责任的社会支持系统,让女性真正有能力承担对老年人的养老责任,国家可以从经济、医疗与政策等方面为女性承担养老责任提供一个良好的制度环境、文化氛围和社会基础。

第二,增强男性与女性对老年人“精神慰藉”需求的重视程度。逐步加强对老年人精神需求的关照。调研数据显示,男性和女性对老年人的精神慰藉并没有给予足够的重视,所以我们要给予老年人精神需求以必要的关注。特别是女性比男性对家人陪伴、有娱乐学习生活和有老朋友更期待,也提示我们要进一步关注男性和女性(尤其是女性)对精神慰藉的需求。我们应施行各种措施让子女为老年人提供精神慰藉创造条件,以缓解老年人情感上的孤独,增加老年人精神生活的丰富性和多样性。

第三,构建多元养老保障机制。男性与女性对养老模式的认知偏好,要求我们应巩固以家庭养老为主体的养老模式。调研结果提示我们,男性和女性对家庭依然怀有浓厚的情感。虽然家庭规模的小型化与家庭结构的核心化对我国传统家庭结构造成了重大影响,但男性与女性对传统家庭结构和居住方式仍然存在强烈的期待和向往。所以,我们需要不断巩固家庭养老的社会根基。此外,男性与女性对养老院养老模式的接受程度已有了一定程度的提高,也提示我们要逐步构建多元的养老保障机制,逐步完善养老院养老的机制和条件,为提高老年人的养老质量创造条件。

智库成果

关于激发脱贫内生动力打赢脱贫攻坚战的问题与对策

郑若瀚*

激发脱贫内生动力是如期打赢脱贫攻坚战的关键。2018 年 8 月 19 日，中共中央、国务院发布《关于打赢脱贫攻坚战三年行动的指导意见》，突出强调应当着力激发贫困人口内生动力。然而，从各地脱贫攻坚实践来看，脱贫内生动力的激发尚不充分，存在贫困户个体激励不足、帮扶措施长效性不足、考核指标引导性不足等问题，应及时进行政策回应，重点是优化贫困户脱贫激励机制，加强脱贫内生动力长效性保障，合理设计脱贫攻坚考核指标。

一、激发脱贫内生动力是打赢脱贫攻坚战的关键

（一）脱贫攻坚整体形势依然严峻

通过脱贫攻坚行动，我国贫困人口目前已降至 3000 万以下，但整体脱贫攻坚形势仍然严峻。其一，剩余贫困人口主要为"贫中之贫""困中之困"。目前，贫困人口超过 300 万的还有 5 个省区，贫困发生率超过 18% 的贫困县有 229 个，超过 20% 的贫困村有 2.98 万个，脱贫攻坚越往后成本越高、难度越大、见效越慢。其二，已脱贫地区、脱贫群众仍存在严峻的返贫风险。过去 5 年，每年有 1000 万以上贫困人口摆脱贫困，脱贫成就显著，但必须注意到，许多"脱贫摘帽"的贫困人口依靠的是

---

* 西南政法大学人权研究院讲师。

政策短期内的叠加、堆积效应,而尚未真正形成“自我造血能力”,面临返贫风险。

(二)内生动力不足是制约脱贫攻坚的主要障碍

目前,我国脱贫内生动力不足主要表现为三个方面。其一,贫困户“不想脱”和“等靠要”的思想仍然较普遍地存在。他们认为政府无论如何都不会坐视不管,因此,缺少主动脱贫意愿,认为国家的金钱、物资“不要白不要”,并且要得越多越好,有些贫困户甚至只要现金。许多扶贫干部表示,部分贫困群众内生动力不足,已成为脱贫攻坚过程中“最令人头疼的事”。其二,贫困户“不知如何脱”。他们虽然知道“脱贫好”,但对于自家生计缺乏规划、不会“盘算”,不知从何做起。其三,贫困地区的“产业禀赋”不足,加之缺乏有特色、可持续的产业支撑,无法提供稳定、有质量的增收机会。现有的未脱贫地区,3/4 的村无合作经济组织,2/3 的村无集体经济,无人管事、无人干事、无钱办事现象突出。

内生动力不足易导致难脱贫、假脱贫、易返贫。由于内生动力不足,未脱贫的贫困地区、贫困群众无法实现自我造血,难以脱贫;已“脱贫摘帽”的,许多是依靠短期政策供养,并非真正脱贫;即使已布局好“特色产业”的,也因内生动力不足而难以持久,返贫风险高。因此,要打赢、打好脱贫攻坚战,避免陷入“运动式扶贫”的怪圈和循环,必须充分激发脱贫内生动力。

二、当前脱贫攻坚内生动力激发不充分

面对脱贫内生动力不足的问题,各级地方政府虽已注意到并提出了政策要求,但现有政策实践对于脱贫内生动力的激发并不充分,主要表现为对贫困户个体激励不足、帮扶措施长效性不足、地方考核指标引导性不足。

(一)贫困户个体激励不足,内生动力生成困难

1.“志智双扶”成效不足

首先,“志智双扶”重形式而轻实质。宣传工作是“志智双扶”的重要方式方

法，然而，许多地方将“志智双扶”简化为宣讲会、拉横幅、挂标语，衡量“志智双扶”是否实施、是否有效果的标准被贬降为开了多少次宣讲会、拉了多少条横幅、挂了多少句标语。例如，河南省某市对当地扶贫成效的总结、宣传和推介强调：“全市共设置脱贫攻坚宣传标语 4085 条、大型脱贫攻坚宣传牌 104 块、扶贫漫画 300 余幅、宣传栏 1005 块。与此同时，市委市政府统一制作 4000 面脱贫攻坚宣传道旗，在全市 59 个贫困村和部分有贫困户的非贫困村安装；打造了大峪镇林仙村、大峪镇曾庄村、邵原镇七沟河村脱贫攻坚墙体彩绘文化墙试点，并在全市推广。”数量化的工作虽能展示各地区扶贫付出程度，却无法呈现“志智双扶”的实际效果，对数字的过分看重反而会导致忽视贫困户思想、观念启迪和引导的有效性。

其次，“志智双扶”重宣传而轻引导。最大限度激发贫困户脱贫内生动力，关键是要让贫困户形成正反两方面预期：一是政府不会无条件、无期限托底；二是贫困户应依靠自身能力和机会来脱贫致富。然而，各地“志智双扶”工作大多注重表面宣传，而忽视了对上述两种预期的引导。(1)未能消除贫困户对政府无限兜底的畸形预期。在各地政策宣传实践中，大多能够通过多种方式确保贫困户对扶贫政策、特别是自身有资格享有的优惠政策有知情权，但往往未能更进一步将优惠政策适用的条件和期限准确传达，从而使其(特别是有“等靠要”倾向的贫困户)意识到政府不会无条件、无期限为其兜底，许多“懒汉”仍保有侥幸心理和怠惰情绪。(2)地方对贫困户脱贫规划引导不力。脱贫内生动力不足既缘于贫困户的“懒惰”“依赖”心理，也可能缘于贫困户的“不知所措”。“志智双扶”工作对“懒惰”“依赖”问题虽有注意，但大多疏于对贫困户脱贫规划和计划的引导，使贫困户仍习惯于被动等待政策安排，主动脱贫意愿无法切实转化为主动脱贫行动。

2. 帮扶措施逆向激励

激发贫困户脱贫内生动力重在“授人以渔”，帮助贫困户自主摆脱福利依赖，但现有的一些政策和实践却产生了逆向激励效果，具体体现在如下方面。第一，畸高的福利待遇产生逆向激励。脱贫攻坚以来，一些地方在产业、就业、教育、医疗、日常消费等方面给予贫困地区、贫困家庭以大力扶持，种种福利叠加显著增加了贫困户的收入水平,有些贫困户收入从贫困线以下快速增长到年收入2万~4万元不等,由此,让贫困户(特别是非劳动性收入占总收入比重较高的贫困户)产生并强化了"贫困划算"的看法。更值得警惕的是,这一现象也对那些收入在贫困线以上的"边缘贫困户"产生了负面示范效应,即"与其勤奋,不如贫困"。第二,"福利捆绑"产生逆向激励。目前,贫困户享有的各项福利均以"建档立卡贫困户"或"低保资格"为前提。换言之,无贫困身份则无相应的各项叠加福利待遇。这意味着一旦贫困户脱贫退出,便可能面临"福利悬崖",各种福利待遇将大幅缩减,而非渐进的、逐项的、个别的缩减。正因如此,贫困户的脱贫积极性会有减损,内生动力难以真正激发。

(二)帮扶措施长效性不足,内生动力可持续性弱

激发内生动力是一个持续过程,短暂的、临时的脱贫行动和主动性都无法转化为"脱真贫"和"真脱贫"的实效。从近年精准扶贫的实践来看,绝大多数贫困地区和贫困群体不缺乏短期的脱贫"爆发力",而是缺乏可持续性,激发出来的内生动力也难以持久。

1.产业项目的可持续性弱

脱贫攻坚以来,各地产业扶贫项目不断"上马",成为脱贫攻坚的主要支撑,但许多项目存在严重的可持续性问题,主要表现为五个方面:其一,项目选择较随意,缺乏统筹和长远考虑,调研论证不充分,许多地方产业存在同质化倾向,重复实施、停工废弃现象较多;其二,一些地方的产业扶贫被等同为"送牛羊",贫困户卖牛羊增收便被视为"脱贫";其三,项目重视前期投资、落地,缺少后期管理、维护和发展跟踪,产业项目的寿命周期难以得到保障;其四,由于具有远期效果的产业项目见效慢,脱贫攻坚期间开展的主力项目多是短期见效的项目,后期脱贫攻坚的项目发展具有不确定性,一旦政策性因素或市场性因素等原因导致项目失败,业已形成的内生动力和脱贫成果将面临减损和重建的风险;其五,现有扶贫项目的产业增收与当前政策红利关系密切,在大扶贫格局下,对口帮扶单位、领导往往会利用自身资源帮助项目开拓销售渠道,如直接进行单位采购或联络具有较亲密

关系的企业,抑或是打“扶贫牌”“同情牌”博取销路。脱贫攻坚战结束后,政策红利逐渐消减,销售渠道的稳定性难以维系。与此同时,利用特殊渠道销售的许多产品在质量、特色上并不具有竞争优势(有些甚至有显著劣势),失去政策庇护后,很难转化为新的市场竞争力,将面临内生动力维系能力弱化和返贫的风险。

2. 投机措施仍较普遍

尽管脱贫攻坚强调精准扶贫,地方实践中扶贫措施相较以往也更注重精准性,但具有投机色彩的“短平快”措施仍更受青睐,扶贫的长效性较弱。其一,为达成脱贫任务,一些地方简化了扶贫政策组合,通过“低保”一兜了之。其二,扶贫措施退化为假意“讨好”,在具体实践环节,许多扶贫干部周期性嘘寒问暖、锄草、送油米、包红包,以此来“取悦”贫困户,从而完成考核任务,在个别地方,甚至以“取悦”行动(特别是给慰问金)取代“造血性”扶贫措施。即使慰问金在贫困户增收项目中不占据较大比重,但仍然会让贫困户滋生依赖心理,同时也因每户实际发放的慰问金存在一定差异而引发不公平感并对扶贫干部产生“贪污”猜忌。其三,产业扶贫中存在滥用资产收益扶贫的现象。资产收益扶贫原本用于丧失劳动能力的贫困群体,为其提供保障性收入,作为一种政策变通将其用于一般性贫困群体以增加其家庭收入尚可接受,但实践中仍出现了进一步变通和扭曲,将禁止分配的股本被当作贫困户“工资”定期分发。其四,许多地方,“上马”产业项目却疏于关注利益联结机制。发展产业扶贫旨在通过“授人以渔”实现彻底脱贫,但在具体实践中,许多扶贫产业所创造的机会、收益并没有合理地流向扶贫对象,而是出现了利益流向异化的倾向:主要资源利益绕过贫困户向企业、合作社、大户集中,产业项目补贴、收益更多由企业、合作社或大户分享,贫困户所得甚少。最新审计结果显示,18 个县将 8.92 亿元扶贫资金直接投向企业、合作社或大户,但未与贫困户建立利益联结机制。

3. 风险抵御能力不足

由于脱贫攻坚周期短且有政策兜底,产业项目面临的风险问题虽不突出,但风险抵御能力不足必然会为后续脱贫和后脱贫攻遗留风险。总体而言,贫困户参与扶贫产业主要面临四重风险。其一,自然风险。不少地区防灾减灾能力仍较薄弱,发生自然灾害对于特色农业产业往往造成不可估量的损失。其二,市场风险。农业生产的长周期性使其总要面临市场需求变化较快的风险,不少项目仓促决策、经营不当进一步凸显了风险抵御能力弱的缺陷。其三,经营风险。一些企业参与扶贫项目仅为套取补贴,拿到扶贫补贴款项后对经营成效无心顾及,政策期满后抽身撤离,这必然使前期扶贫投入"重新归零"。其四,政策风险。现有扶贫政策支持力度空前,脱贫摘帽后一旦福利"断奶",相应产业或项目便会在资金、渠道、市场、收益保障等方面面临困境。如果脱贫攻坚不能有效解决扶贫产业风险抵御能力问题,一旦后续风险集中爆发,便会吞噬既有脱贫成果。

(三)地方考核指标引导性不足,内生动力成长空间受限

评估考核是政策、制度实施的指挥棒,对脱贫方式、脱贫效果(包括深度、广度和持续时间)具有重大影响。当下的脱贫攻坚战前所未有地重视精准扶贫、精准脱贫的评估考核工作,形成了较以往更有效的内部压力机制和外部监督机制,但是,各地方政府现有考核指标对激发内生动力的引导作用显著不足。

目前,针对各地扶贫成效考核尚未有统一指标;各级地方政府根据脱贫攻坚总目标和中央政策要求,各自设定了内部考核标准。总体来看,各地考核指标的设置难以有效激励脱贫攻坚以激发内生动力,其主要问题集中体现在以下6个方面。

其一,部分考核指标的标准化程度较低,可操作性不强。例如,"产业扶贫实施情况""光伏扶贫项目实施情况"等模糊性指标,指标含义缺乏界定,达标与否和分数的如何评定都具有较大的主观性和不确定性。其二,指标考核具有形式化倾向。例如,湖北某市在扶贫考核中,现场、实地查看的指标比重仅占20%,相比之下,通过"查阅资料"进行考核的指标比重却高达75%,尽管"查阅资料"未必不能反映某些真实情况,但易引发扶贫工作的"材料中心主义"。再如,有些地方将"宣传报道"情况也纳入考核,指标考核比重占10%,还明确提出了每年上报信息和典型材料的数量以及在不同级别媒体上有宣传报道的加分规则,此类做法都具有助推脱贫攻坚形式化的风险。其三,部分地方贫困户满意度指标考核不力。一

些地方已经将贫困户满意度纳入“一票否决”指标当中(如满意度低于90%实施脱贫攻坚“一票否决”),但亦有地方仅为贫困户满意度设置较低分值。同时,一些地方贫困户满意度的考核方式以“座谈”形式展开,贫困户难以真实、完整地表达意见。此外,满意度考核缺乏对非贫困群体的覆盖,不利于反映扶贫实践中“边缘贫困户”的态度,难以回应扶贫资源分配失衡和对“边缘贫困户”逆向激励的问题。其四,各地方现有考核指标中最具普遍性的问题是,重规范性和完成度考核,轻效率和长效性考核。各地指标考核通常会关注资金使用是否合规以及是否落实,项目是否“上马”“竣工”,而对资金使用效率、项目后期管理维护、项目风险抵御能力、项目收益率等问题则疏于考察。其五,重脱贫人数和收入结果考核,轻贫困户内生动力转化率考核。目前在各地考核指标体系中,脱贫人数和增收情况占据重要位置,但考虑到精准扶贫实践中存在多种扭曲实施政策的情形,以脱贫人数和增收结果为考核指标的评价标准难以从中判断脱贫和增收是否主要源于内生动力的激发,如某类具有稳定增收能力的产业项目,因而可能遮蔽对脱贫质量的深度考察。其六,考核指标体系中嵌入了非相关内容。脱贫攻坚成效考核应以激发内生动力为重心,紧密围绕精准扶贫工作本身展开,但一些地方考核指标体系中设置了不具有紧密相关性的内容,甚至有的内容背离了中央政策精神。如某区在其考核办法中将“信访”问题纳入考核,将“扶贫信访”考核指标赋予的权重远高于贫困户收入增长(2∶1)。此类指标的嵌入不但会冲淡对扶贫工作本身的考核,而且会造成激励机制的扭曲。

总体而言,上述问题和现象折射出我国反贫困中的问题,短期数字化目标导向的治理模式易于引发“赶考”“应试”心理,鼓励扶贫短视行为,诱发贫困户的“套利”心理,无法有效激发脱贫内生动力。贫困地区、贫困群体在脱贫、脱政策后可能面临再度返贫,并陷入“贫困—扶贫—脱贫—返贫—再贫困”的循环中。

三、关于激发脱贫内生动力打赢脱贫攻坚战的对策建议

激发脱贫内生动力打赢脱贫攻坚战,总的思路是扭转现已被扭曲、异化的激

励,让脱贫内生动力得以生成和持续发展;总体方案是优化贫困户脱贫激励机制,加强脱贫内生动力长效性保障,合理设计脱贫攻坚考核指标。

(一)优化贫困户脱贫激励机制

1.改进"志智双扶"工作方式

其一,树立群众脱贫榜样。在扶贫宣传中,加大对致富先进典型的宣传,达到给贫困群众借鉴参考、学习推广的目的。但在方式方法上,应特别注意两个方面的问题。(1)脱贫榜样应优先选择同社区、近期脱贫的贫困户,以避免脱贫榜样与受众之间距离过远,难以产生情感、经验等方面的共鸣,致使榜样缺乏足够的感召力以及榜样经验缺乏足够的可参照性。(2)树立脱贫榜样,不应仅止步于让其"现身说法",而应引导、鼓励其发挥更大的带动作用:一是让脱贫榜样走进每个贫困户家中进行面对面的交流,给贫困户以启发和鼓励,消除"一对多"宣传模式造成的"不对等""缺乏针对性"以及由此导致的疏离和反感;二是通过精神和物质奖励的方式推动脱贫榜样深度参与贫困户(特别是"懒汉"或有"懒汉倾向"的贫困户)的家庭脱贫计划和脱贫行动,先脱贫带动后脱贫,对由脱贫榜样所带动的增收或由于就业而脱贫的情况,同时给予脱贫榜样和脱贫上进者以适当精神和物质奖励。

其二,在各级政府宣传活动中,应有效利用电视、广播、宣传栏、展板、文艺作品等多种形式。宣传的内容要注重生动活泼,契合当地风俗,如以扶贫脱贫为主题编排快板、小品、歌舞等节目作品,增强贫困群众主动脱贫致富的志气。为更好达到激励鞭策效果,可适度采用负面评价机制,在村社内公示屡教不改的"不劳而获行为",但应严格遵守适用条件和适用规则,以避免侵犯当事人的基本权利,激化矛盾,从而产生相反效果。具体而言,适用条件和适用规则应包括但不限于以下方面:(1)屡次教育且明确告知当事人相应消极后果;(2)禁止以强制劳动或其他限制基本权利和自由的方式要求其从事生产或就业;(3)禁止以有辱人格的方式、内容进行教育或公示;(4)及时提供改过机会,并在其有改过行动后及时消除负面评价信息,代之以表彰性内容。

2. 充分做好政策释明和政策激励工作

其一，充分做好政策释明工作。脱贫政策体系庞杂，须确保贫困户对政策关键信息的知情。一方面，要保证贫困户知晓自身权利，特别是知晓主动脱贫将会享有哪些特殊扶持、额外奖励等；另一方面，要保证贫困户知晓享有各项福利政策的前提条件，知晓各项福利政策的享受期限，以此使其形成积极的认知预期——政府不会无条件、无期限地提供兜底。

其二，充分做好政策激励工作。政策激励重在让贫困群体意识到“脱贫值得”，为此应当重点做到：（1）帮助有劳动能力的贫困户自主制订脱贫规划、计划，有针对性地提供能力提升项目——为有就业意愿的提供就业指导、技能培训，为有从事生产意愿的提供技术指导；（2）推行以奖代补，将部分直接补贴转化为脱贫奖励，如年收入超过贫困线一定比例（如10%），则给予适当比例的物质、现金奖励，并给予“自主脱贫模范”等荣誉奖励；（3）对于一些福利项目设置必要门槛（或暂停资助条件），即针对有劳动能力的贫困户，直接收益性福利（如集体资产收益中的额外份额、对口帮扶单位提供的慰问福利等）须以参与一定次数的技术培训、技能培训或参与一定时间、一定量的工作为前提；（4）对于自主脱贫的贫困村、经济组织实施税收返还等奖励性财税政策；（5）为避免陷入“福利悬崖”，要保障扶持政策逐渐退出，附加福利逐渐减少。

其三，重视贫困户赋权工作。激发内生动力实质上是要以“授人以渔”代替“授人以鱼”，对贫困户赋权最能体现“授人以渔”的帮扶理念。除一般的经济性赋权外，更应当注重对贫困群体参与权、知情权、表达权和监督权的赋予，让贫困群众对自身享有的权益和所参与产业项目的基本信息有充分的知晓；允许贫困群众在扶贫项目选择、利益分配等问题上提出利益诉求和选择参与扶贫项目的方式；鼓励并支持贫困群众参与扶贫项目的运营、管理和监督。

（二）加强脱贫内生动力长效性保障

1. 清理短视、异化的扶贫措施

其一，避免过度使用低保兜底，“一兜了之”。及时整治擅自突破低保政策界限、改变低保准入条件、扩大低保保障范围,违规将上访、拆迁、征地等特定群体整体纳入低保的问题。应当明确规定,因“懒惰”而取消最低生活保障资格的情形,即家庭有劳动能力而无正当理由,并多次(2次以上)拒绝接受有关部门介绍的与其健康状况、劳动能力相适应的工作的,取消其最低生活保障资格;接受工作后多次(2次以上)中途放弃的,取消其最低生活保障资格。

其二,规范资产收益扶贫。严格适用资产收益扶贫,使收益权优先向丧失劳动能力或弱劳动能力者倾斜,防止泛福利化。因此,应统一限定资产收益扶贫适用的主体条件:(1)对无劳动能力者或弱劳动能力者不作限制;(2)有劳动能力者,以自有资产出资入股的可就该资产享有相应份额受益;(3)有劳动能力者,若无法以自有资产出资入股,在其主动参与生产或有劳务收入的前提下,可享有扶贫专项资金以量化折股形式参与的产业项目收益分配。对于财政专项扶贫资金形成的资产,在量化折股后严禁分发“股本”。最后,还应设计好动态调整制度,即经过一段时间的巩固期并核查认定已稳定脱贫的,不再享受针对贫困户的优先扶持政策,调整出的资产收益权可分配给其他贫困户或用于发展村级公益事业,以此保证资金效用的最大化和收益分配的公平。

其三,落实后期管理、运行事宜。首先,明晰产权归属,设立资产登记台账,建立资产管理制度,明确项目参与各方的权利和义务。其次,确立管理主体,加强日常管理。项目建成后,及时成立扶贫项目后续管护工作领导小组,对产业项目实行定期检查;建立技术指导机制,周期性地(如每月)开展实地检查,进行业务指导,了解项目发展情况,发现问题及时指导整改。再次,强化监管,保证收益分配,持续关注项目的经营管理、经济效益、经营风险等状况。对经营中出现的困难、问题,在合理范围内给予帮助、协调解决。复次,落实职权责任。由适格主体(如乡镇政府同村委会)签订扶贫项目后续管护责任书,明确职责任务和目标要求,项目所在村确定一名村干部负责后续管护。最后,建立问责制。对因后续管护缺失等原因导致扶贫项目建成后废弃闲置、造成重大损失浪费和资源毁损的,要依法依纪追究相关责任人的责任。

其四,清理其他异化做法。主要包括清查并禁止以现金扶贫代替“造血性”

扶贫,清查并禁止简单以“送牛羊”代替产业扶贫,清查并禁止对口帮扶单位进行直接采购、包销的做法。

2. 建立并巩固利益联结机制

其一,发展壮大集体经济。贫困户与村集体是最紧密的利益联结体,发展壮大集体经济是贫困户稳定长效脱贫最直接、最有效的方法。(1)选好带头人,将责任心强、懂农业经营、会农村管理的“能人”吸收到村级班子中来,并对村级班子进行不定期的培养,不断提升管理水平。与此同时,注重激励机制的设计,要把村级干部工作业绩与其收益及时挂起钩来,以奖优罚懒的手段把各村干部发展集体经济的积极性调动起来。(2)壮大集体经济组织,成立农村股份经济合作社,以此承接省、市、县各级产业扶持资金、扶贫资金、以奖代补等各类政策性财政资金,向金融部门抵押贷款。(3)发挥资源优势,形成集体经济的支撑产业,具有一定地缘优势的地区,还可以顺应老龄化趋势,拓展开发养老服务设施,开发养老服务市场。(4)更多吸纳大学生、青年群体返乡创业,这类群体更容易通过社区合作组织与中小规模农户联结。(5)形成合理的分配结构,利益联结问题最终要回归到利益分配问题上来,应建立公平、可持续的集体收益分配结构,如在合作社模式下,年收入40%按股份分配,10%~20%用于无劳动能力贫困户的收益分配以及资助贫困学生、救助大病患者、照顾孤寡老人等帮扶事项。

其二,创新合作形式。应积极引导企业发展“订单农业”,培育“‘互联网+’定制农业”,帮助扶贫产业项目降低市场风险,形成并扩大稳定的销售渠道。还应鼓励探索“公司+农户+基地+市场”“公司+基地+农户”“公司+农户+党支部”等多种联结模式,形成立体式复合型新型扶贫利益联结体系。与此同时,为了增强融资能力、增加融资机会,还应在这些利益联结模式、结构中引入信贷机构,形成产业扶贫、金融扶贫的有机联结。

其三,培育社会资本。社会资本在扶贫战略中一直发挥重要角色,通过非正式保险的机制平滑消费、减轻暂时贫困,通过促进融资和创业、保护产权、促进公共品供给和劳动力流动,消除长期贫困。着手社会资本的培育工作,应重点致力于如下工作:重视和科学引导村规民约建设,增强村社信任,提升村社文明,为激发内生动力创造良好的村社氛围;鼓励和规范互助组织的兴办,确立非歧视性原则,帮助贫困者参与和融入村内共同体;基层政府履行提供公共产品的职能,设立交流平台,打造贫困地区外出务工、经商、从政、从教的能人网络,为生产销售、创业就业和教育建立关系纽带。

3. 提升风险防御能力

抵御风险能力弱是制约脱贫内生动力维系能力的一大主因,没有足够的风险防御能力,脱贫内生动力便难以持续。目前,应着力解决如下5个问题。其一,针对基础设施,特别是对塘堰、水库、沟渠等水利设施进行定期风险排查,及时巩固、修复和新建,尽快提升抗灾和防灾能力。其二,开发特色农业保险产品,针对县域、村域内特色产业进行保险产品设计,应尽可能将当地主要扶贫产业纳入政策性保险范围,适时推广成本价格保险、农产品目标价格保险、天气指数保险等新型农业保险产品。其三,设立产业扶贫风险补偿基金,对未参加农业保险或保险赔付不足的受损贫困农户,由基金给予一定补助。其四,建立针对贫困户的最低保护价格制度,确立年度最低收购价,由财政给予补贴或引入订单合同最低收购价条款,由企业执行。其五,为避免和减少企业短期套利而引发的经营风险,对"扶贫车间"、企业参与扶贫的,应严格设定脱贫补贴发放条件,特别要慎用一次性补贴,探索适用分段累进的补贴标准。与此同时,应明令禁止"签订1年以上期限劳动合同且稳定就业6个月以上的,按每人每月××元给予补贴"等短视的补贴做法。

(三)合理设计脱贫攻坚考核指标

改变各地方脱贫考核指标引导性不足的现状,应以激发脱贫内生动力为导向设计考核指标。考虑到各地方贫困状况、发展状况差异以及各级政府治理需求,考核指标不宜全国统一,但可以统一规定设置某些强制性指标和相关权重要求。强制性指标结构包含三个层次,即必要性指标、加分指标和减分指标。

1. 必要性指标设计

必要性指标旨在通过指标设计,引导各级地方政府及扶贫工作者积极制定和采取某些有利于激发脱贫内生动力的措施,包括制度措施类衡量指标和成效衡量指标。

制度措施类衡量指标可考虑设置：(1)是否制定并实施贫困脱贫激励措施；(2)产业扶贫是否创立稳定的利益联结机制以及是否形成各方可接受的利益分配方案；(3)贫困户参与的产业项目是否有相应的保险措施保障；(4)产业扶贫项目是否有后续管理、运营配套措施。成效衡量指标可考虑设置：有劳动能力者的劳动性收入（包括产业收入和就业收入）占总收入比重是否超过适当比例（如70%）。为确保内生动力激励考核在各级政府脱贫攻坚考核中具有显性作用，建议必要性指标权重安排应占据脱贫攻坚考核权重的30%以上，全国统一要求的指标权重占20%以上，其余指标权重可由各地方酌情设计。

2. 加分指标设计

加分指标主要指向激发内生动力的常规性、必要性工作基础上的亮点工作和特殊成效。

制度措施类加分指标可设置：(1)配有赋权措施，特别是知情权、表达权、参与权、监督权的保障措施；(2)为每户贫困户定制长效脱贫家庭计划。成效类加分指标可将关注点置于“边缘贫困户”收入问题上，避免精准扶贫中贫困户增收畸高而远高于“边缘贫困户”，造成逆向激励问题，如设置加分指标：“边缘贫困户”劳动性收入增长达到适当比例（如20%）。

3. 扣分指标设计

扣分指标主要围绕地方各级政府和扶贫工作者，在精准扶贫过程中扭曲实施政策或违背禁止性规定导致损耗内生动力的情况设置。

制度措施类减分指标可设置：(1)违规扩大资产收益扶贫对象范围；(2)违规运用“低保”一兜了之；(3)过度运用现金扶贫（现金扶贫收入占贫困户增收比重超过20%）；(4)扶贫产业收入主要依靠对口帮扶单位的采购。

成效类减分指标可设置：(1)出现产业项目失败状况（包括变更、停止）；(2)贫困户年均收入超出边缘贫困户年均收入的30%；(3)贫困户满意度低于90%（一票否决制）。

此外，随着脱贫攻坚进入尾声，脱贫攻坚考核侧重也应逐渐调整，稳定增收项目数、返贫数量和返贫率等指标也应被纳入考核指标体系。

推进我国集体建设用地建租赁住房的对策与建议

潘　俊*

2017年7月，原国土资源部、住房和城乡建设部正式批准13个城市试点，利用集体建设用地建设租赁住房。2018年1月16日，除上海市、北京市外11个城市的利用集体建设用地建设租赁住房试点实施方案通过批准。[1] 根据各试点实施方案，截至2018年8月，北京市、上海市、广州市、成都市等地已进入试点实施阶段。此次集体建设用地建租赁住房是对2015年集体建设用地入市试点用途的突破，是土地市场和住房市场的联合与互动，与土地征收、宅基地改革、住房改革密切相关。[2] 然而，在"三块地"改革试点即将结束的背景下，当前集体建设用地建租赁住房试点进展较缓慢，存在诸多问题与风险。

一、集体建设用地建租赁住房存在的问题与风险

（一）建租赁住房的集体建设用地范围不一

对于建设租赁住房的集体建设用地，各试点多集中在产业聚集区等人口净流入较大、租赁住房需求强烈的区域，但对存量建设用地及诸如已进城落户农民的宅基地，旧村改造、新村规划以及村村合并节省的宅基地、城中村宅基地等是否可

---

* 西南政法大学人权研究院讲师。

〔1〕 早在2012年年初，上海、北京已经被国土部批准成为首批开展利用集体建设用地建租赁住房试点的城市。

〔2〕 农村土地征收、集体经营性建设用地入市、宅基地管理制度，常被称为"三块地"改革，以下均采此简称。

以被纳入，实施方案不一。如成都市限制使用集体建设用地存量，主要在产业园区、特色镇以及农村新产业新形态集聚区的周边进行试点；广州市则允许节余存量宅基地建设租赁住房，在中心城区商业、办公密集区域、大型产业园区以及高校集中区域周边等开展试点。

允许宅基地进入租赁住房的集体土地供应，直接面临宅基地可否入市以及宅基地及其房屋能否出租给城市居民的问题。在实践中，集体租赁住房可能因此为"小产权房"打开"方便之门"。部分农户和"小产权房"业主以此为名，以租代售，进一步加剧了"小产权房"问题。2012 年 8 月和 2013 年 11 月，原国土部、住建部曾针对一些地方在集体建设用地上变相建设"小产权房"的问题连发两文叫停，其中，作为此次试点城市的上海市也在其列。时隔多年，推进集体建设用地建租赁住房不得不警惕"小产权房"变相合法化的风险。

（二）与集体建设用地入市、土地征收、宅基地改革缺乏联动

集体建设用地和宅基地市场机制建立后，建设用地供应将比较充分，征地范围可以大幅度缩小，三者相互制约。2015 年，土地征收、集体建设用地入市、宅基地改革试点分开操作、封闭运行，直到 2016 年下半年才全面铺开、统筹推进。目前，这些地区"三块地"改革多各自为政、分别推进，彼此的互动机理、统筹路径和联动政策缺乏界定，城市和农村建设用地供给需求仍处于二元分割状态，城乡间的土地增值收益分配模式不尽完善。

集体建设用地建租赁住房，是对集体建设用地入市的深化发展、对集体土地用途的再次突破，都涉及集体建设用地的市场准入与使用，但实际承担两项改革的试点地区大多并不重叠。这导致试点集体建设用地建租赁住房多"另起炉灶"，可能与集体建设用地的入市分裂，不利于城乡统一建设用地市场的构建。因此，既能吸引村提供集体用地建设租赁房，又能与现有的集体建设用地入市开发合理衔接，成为集体建设用地建租赁住房被村集体和市场接受的关键。

（三）冲击国有建设用地市场，可能诱发城乡土地及住房供需失衡风险

集体建设用地建租赁住房时，集体土地无须通过征收变为国有建设用地这一

环节,而将土地使用权出让给住房建设者。因跳过了土地征收与国有建设用地同等进入住房土地供应市场,集体建设用地建租赁住房将直接冲击国有建设用地一级市场的交易秩序,影响国有建设用地的交易数量、交易价格。尽管各试点实施方案统一要求利用存量土地,实际上试点地区大部分农村集体建设用地并非空置,面临拆迁、改造、保留等问题。这一过程中,地方政府可能不自觉地扩大了集体建设用地规模。

而随着集体租赁房建设的推进,大量人口集聚,必然加大周边对交通、商业、教育、医疗、公共活动空间等设施的需求,原有区域配套服务设施相对短缺的问题开始凸显。如果无法合理分配配套设施建设的主体责任,无法满足人们的基本居住需求,原本集体租赁房承载的人口又将流向国有土地租赁房,造成集体土地资源的浪费。

(四)集体实际参与度不高,参与项目的社会力量薄弱

集体建设用地建租赁住房中的集体土地并非简单流入市场,而是固定用途,村集体享有极大的主导权。根据各试点实施方案,集体建设用地建设租赁住房项目的实施主体主要为集体经济组织、集体经济组织参与设立的公司、政府委托的单位、集体经济组织、其他企业等。尽管无须通过国家征收而直接使用自己土地建设租赁住房可获得长远收益,但因前期规划、投资等问题,集体经济组织"有心无力",多持观望态度。

其他确定可以合作的项目主体多以相对"封闭"和"固定"的形式予以选择和确认,以协议出让方式获得集体建设用地使用权的企业也多为国有或集体企业,真正能够通过公开市场进入的企业少之又少。除项目本身的开放性问题外,集体建设用地无法抵押,不能以租赁房项目向银行申请贷款,难以获得金融支持。同时,租赁房租金较低、投资回收期长,也难以吸引社会资金,真正愿意进入的企业不多。

(五)交易平台与交易规则的缺失

理论上,集体建设用地建租赁住房的交易可以且应当依靠集体建设用地入市

的交易平台，以构建城乡统一建设用地市场，但因承担两项试点的地区不尽相同，实际利用集体建设用地入市交易平台、交易规则的很少，各试点实施方案不一。

以由其他主体进行项目开发是否缴纳土地使用费为例，沈阳市要求先评估国有划拨建设用地使用权价格，再核减集体建设用地转为国有建设用地过程中发生的各类费用，同时，市地价评审委员会根据地价评估结果、土地市场运行情况和区政府建议价格综合确定。厦门市规定利用农村集体预留发展用地指标建设租赁住房的免收地价，但若所使用的集体土地应结算土地开发成本的，用地单位应和土地开发单位进行成本结算。其他试点则未进行任何规定，尚需与地方行政主管部门进行确认。在实际操作时，部分试点地区参照集体建设用地入市交易平台，如农村产权交易所或土地交易中心，但因其割裂了国有和集体建设用地交易，无法体现集体建设用地的价值。如在成都市，国有建设用地挂牌出让底价近100万元/亩，而集体建设用地价格为10万～50万元/亩。

（六）土地增值利益分配较混乱

关于集体建设用地直接进入土地一级市场产生的收益归属，少数地区规定全部归农村集体经济组织，多数地方允许政府以收回基础设施投入或征税等途径分享。集体建设用地建租赁住房后产生的房租等收益，多数规定主要归土地使用权人，同时，政府以收取增值税的方式参与分配。政府实际上既有按固定比例，也有按土地缺位等进行差别化分配，存在附加土地增值金、风险金、招商投资公积金、公益金等多种。

随着土地改革纵深推进，集体和个人逐渐获益，但个人收益增加不明显。特别是当前部分地区，在集体所有权人虚位、农民集体组织形式发生变化而进行集体产权制度改革的情况下，尤其需要对个别基层干部或者其他强势群体对土地流转行为和收益的不当控制和以权谋私的问题进行防范和控制。

二、集体建设用地建租赁住房的问题分析

(一)准确阐释集体经营性建设用地的内涵,统一集体建设用地建租赁住房的范围

根据《土地管理法》的规定,集体建设用地包括宅基地、公益性公共设施用地和经营性用地。与国有建设用地"同等入市、同等作价"的是集体经营性建设用地,用于开发租赁住房的也多被解读为集体经营性建设用地。目前,对集体经营性建设用地存在两种理解:一是按照现有规划,当前是集体建设用地且为经营性用途,方为集体经营性建设用地,如现存的乡镇企业用地;二是以是否符合未来的规划进行判断,即不论土地目前的状态,一旦被规划为经营性用途,亦为集体经营性建设用地。因此,集体经营性建设用地除存量乡镇企业用地外,也包括未来的增量建设用地。

集体经营性建设用地,是相对集体公共设施和公益事业等公益性建设用地和宅基地这一社会保障性居住用地而言的,其最初是农村建设用地兴办乡镇企业后的遗留产物,并非法律确定的用地类型。若将集体经营性建设用地限定为存量乡镇企业用地,因其存量极其有限,不能满足租赁住房建设的需求,或为使住房土地市场因供地短缺而缺乏活力,或为增加土地供应而牺牲征地制度改革的成果,使其重回非公益征收的老路,与我国农村土地改革思路、精神相悖。

《城市房地产管理法》第9条排除城镇规划区内集体建设用地进入一级市场,这种限定不具有充分正当性:不仅违反物权平等保护原则(集体土地权利不因在城镇规划区内外而享受不同待遇),将导致国家征地权的泛化甚至滥用(城镇规划区内的集体建设用地并不等同于公共利益用地),也与征地制度改革的趋势不吻合(划定规划区本身不导致土地权属变动,国家不对集体和农民进行补偿)。此外,强行区分集体经营性建设用地和宅基地,不利于解决农村建设用地利用低效的问题,也不具有技术合理性。

因此，只要符合土地利用规划、城乡规划和土地用途管制，存量和增量集体经营性建设用地、城镇规划区内外的集体建设用地以及宅基地，均可进入租赁住房土地供应市场，但优先利用存量建设用地。

（二）全面理解“三块地”改革的目标，协同推进集体建设用地建租赁住房

农村土地征收改革、集体建设用地入市改革和宅基地改革是三位一体的，是对农村土地价值和利用效益的激发，农村集体和农民个人财产性收入的增加，最终都应与城镇化战略统筹考虑。同时，“三块地”改革与集体土地建设租赁房试点均涉及政府、集体、农民多方利益，需要解决好利益协调和平衡问题，建立联动的利益共享机制。集体建设地建租赁住房与“三块地”改革密切相关：土地征收范围减小以及宅基地的盘活利用都可为租赁住房提供集体建设用地保障，集体建设用地入市流转可为集体租赁房建设提供资金支持。

我国《宪法》第 10 条、《土地管理法》第 2 条和《物权法》第 42 条明确规定国家只能为公共利益征收集体土地，但《土地管理法》第 43 条、第 63 条以及《城市房地产管理法》第 9 条又规定原本用集体土地的也须征收为国有土地。这种矛盾直接压缩了可以建设租赁房的集体土地范围。当前，各征地改革试点严格区分公益性用地和经营性用地，做实土地征收的程序性赋权和保障机制，将政府主导型征收改造为参与型征收，并将集体建设用地入市的市场价格作为确定征收补偿标准的重要参照因素。

宅基地作为社会保障性质的居住性用地，其入市改革较谨慎，重点集中在宅基地所有权、资格权、使用权“三权分置”，适度放活宅基地和农民房屋使用权。相较限制流转、自由流转等思路，浙江省义乌市、福建省晋江市、江苏省武进市等地将宅基地用益物权指标化，以权利代替实物，能实现宅基地指标在全国范围内流转，是一种较理想的改革方案，也为进入建设租赁住房的集体土地供应提供了一种新的参考模式。

集体建设用地建租赁住房，进入住房土地供应市场的集体土地范围与土地征收、宅基地入市的范围相互制约，此消彼长。当土地征收范围随着公共利益限制

逐渐缩小,宅基地逐渐进入市场转让,集体建设用地入市之门才能真正打开,集体建设用地建租赁住房的试点实施才有所可能并有所成效。

(三)统筹集体和国有土地租赁住房的发展,保障集体建设用地建租赁住房的实效

集体建设用地建租赁住房是对国有建设用地及其住房市场的补充,两者相互制约,同时进入市场交易。集体建设用地建租赁住房必须合理确定实际可以建设租赁住房的土地的总量、规模和布局,具体可在符合土地利用总体规划和城乡规划的前提下,与试点地区住宅用地供应规划、建设用地供应计划、保障性住房建设计划等对接,预估市场需求,判断建设成本和受益情况,在临近功能性园区和配套设施相对完善的地区进行。

集体租赁住房对接的是市场租户,但在数量充足时也可被纳入保障性住房房源,面向符合条件的家庭或人才配租,与公租房、廉租房等保障性住房接轨。不同于商业性租赁住房,因集体建设用地的性质,集体租赁房在租期、转租等方面都受到限制,也无法取得单独的房屋产权。集体建设用地上存在的"小产权房"可能通过改租、转为国有、没收或拆除等方式进行处理,无法被纳入集体租赁房建设中。

因此,为保障集体建设用地建租赁住房在住房土地供应市场和住房租赁市场切实发挥效益,需同时从数量、时间和空间层面,控制进入租赁房市场的集体土地和进行租赁房建设的国有土地以及集体土地准入增加的租赁住房和国有存量的租赁住房,避免大量闲置房屋又大量供应土地,形成城乡之间"合理竞争、差异保障、优势互补"的多层次租赁住房用地市场。

(四)激发集体建设用地建租赁住房的积极性,促进项目开发运营的市场化发展

房地产行业属于重资产投入,加之集体租赁房只租不售,需通过较长周期的租金收入来回笼资金。尽管村、镇集体经济组织可以自行开发运营集体租赁住房,但实际上更多的村、镇集体经济组织普遍没有资金能力和开发运营能力,此

时，通过入股、联营等方式合作开发则是大部分试点推行的措施。各试点基本对合作另一方的性质、双方持股比例有强制性要求，如北京市、杭州市和厦门市等要求为国有企业，集体经济组织持股比例不得低于51%。在集体经济组织无法通过上述形式参与项目开发经营时，政府常委托其他单位、村集体、企业等参与。这些主体大多以相对“封闭”“固定”的形式予以选择和确认，是对集体利益的最低保障，不失为试点初期较好的推进方法。

然而，集体租赁房毕竟不是廉租房、公租房等保障性住房，最终仍需进入市场化的租赁房市场。在市场化的情况下，集体建设用地建租赁房的低成本更具优势，价值空间更为凸显。引入第三方市场力量，也可以避免租赁者和村集体私下签订协议，进行“明租暗售”。因此，尊重农民集体开发的意愿，在加强项目审批、报批、用地标准以及住房建设标准的监督基础上，不应一律坚守集体或政府主导的开发模式，而是吸收农民、政府以外的投资主体进行集体建设用地租赁房建设，开发适合市场的集体租赁房。同时，发展专业化租赁运营机构，由其管理集体租赁住房，提高租赁业务和物业管理的标准化、专业化水平。

（五）集体建设用地建租赁住房的交易规范

1. 交易平台的建设

集体建设用地建租赁住房是对集体建设用地入市的突破，应当被纳入集体建设用地入市交易平台。具体交易平台的建设有以下两种思路。一种思路是以区域为标准的二元模式，即以土地交易中心作为国有建设用地交易平台，同时服务于采矿权等国有土地使用权的交易；以农村产权交易所作为集体建设用地交易平台，同时服务于土地承包经营权等农村产权的交易。另一种思路是以行业为标准建立集体建设用地交易平台，将集体建设用地交易纳入国有建设用地交易平台，建成城乡统一的建设用地交易平台，而农村产权交易所仅服务于土地承包经营权等其他农村产权的交易。

相较而言，前者可为农村土地交易提供一体化服务，但割裂了建设用地交易市场；后者有助于形成统一的建设用地市场，但无法为农村土地交易提供综合服务。与土地承包经营权等交易仅改变产权主体而不改变土地用途、规划不同，建设用地交易可能涉及土地用途的改变、规划的约束和用途的管制。因此，应重点考虑建设城乡统一的建设用地交易平台，而非将集体建设用地纳入农村产权交易平台的服务范畴。这意味着，不仅不应为集体土地单设市场准入的限制，还应加强与国有土地进行相同的规划管理和市场监管。

在集体建设用地使用权交易之外，集体建设用地建租赁住房的租赁房交易直接被纳入我国租赁住房市场，在承租人资质、租金、租期、登记备案等方面进行统筹，维持集体租赁房“公益性”的同时提高专业化、系统化管理，无须另行单独建立集体租赁房交易平台。

2. 交易配套服务机制的完善

无论是集体建设用地使用权交易还是租赁住房的交易，现有试点实施都需要完善配套服务体系。在集体建设用地使用权出让时，应建立完善的信息公开制度，制定清晰明了的交易流程，提供合同文本、备案产权登记等，形成集体建设用地流转市场及交易情况信息库，随时更新和补充相关信息资料，完善价格评估、融资服务等服务体系。

集体建设用地建租赁住房，不仅需要完善社会保障等制度防范出让建设用地使用权的农民流离失所，也要完善教育、卫生、医疗、养老等公共服务政策，或新建、或通过行政性管理融入原有配套设施，让“新市民”与“原居民”、租房居民与买房居民享有同等的公共服务，推进“租购同权”的落实。至于承担配套建设的主体，因集体土地建租赁住房政府让利于集体，应由集体或项目开发运营者与政府共同承担。

（六）合理的利益分配机制

集体建设用地建租赁住房利益分配应建立兼顾国家、集体、农民个人与土地使用权人，体现区域均衡和代际公平的利益分配机制。

1. 参与利益分配主体的确定

集体建设用地产生的级差地租既不是土地的自然因素生成的，也不是土地权利人对土地的资本投入和劳动投入创造的，而是国家基础设施建设投资等多种社会因素引起的。因此，现代国家常运用公共权力强制占有或强制分配建设用地的高额级差地租利益。集体土地的所有权人和使用权人则直接以土地流转收益的方式进行分享。因城乡、区域差异，偏远或欠发达地区的农村集体建设用地入市进行租赁住房建设的可能很小。税收和财政转移等间接分享的方式数量有限，应在“就地入市”的基础上，探索“异地调整入市”“合作入市”“统筹入市”等方法，使这一群体稳定地分享土地增值收益，避免农村内部阶层分化。

2. 政府参与利益分配的形式和标准

政府主要以税收方式参与土地收益分配，严格控制除此之外的其他收益。当前试点地区存在的土地增值收益金既不是税，也不是费，而是政府为降低改革不确定干预再分配的一种政策工具，是为了平衡国家和集体之间的收益。政府收取的比例应以解决政府财政因土地征收、集体土地入市改革出现的资金紧张问题，同时避免集体建设用地隐形交易为限。此外，我国土地实际由地方政府管理，政府参与利益分配时也应注意在中央政府与地方政府之间合理进行。

3. 农村集体与农民个人收益分配的平衡

制定收益分配农民参与议价制，使农民从被动的利益分配者转变为积极的参与者。整个农村土地改革更多是要提高农民个人的财产性收入，如果农民无法参与收益分配，那么集体建设用地入市以及集体建设用地建租赁住房的价值就难以体现。在集体收益增加的基础上，要注意防范个人侵占、支配集体资产甚至通过这一物化形式支配和控制集体本身，也要在抽取诸如集体公益性发展基金作为集体资产外，增加农民个人收益分配的比重，防范集体截流农民收益。同时，为保障集体和农民以不同形式参与项目开发经营的利益分配，应加强对集体经济组织进行改造，使之成为一个对外具有市场主体资格能够有效行使所有权，对内治理机制顺畅能够充分形成并代表农民意志的所有权主体。

4. 投资主体与农村集体、农民个人之间的收益分配

集体建设用地建租赁住房，不可避免地涉及投资者等第三方主体。在保障农村集体、农民收益的基础上，分配集体、农民、投资者利益时，既应区分也应结合项

目投资收益和集体建设用地所有权、使用权收益,设置按股分配、按实际投资比例分配等利益分配方式。此外,农村集体与投资主体以不同形式合作开发运营时,利益分配机制应有所差别,如集体直接以土地入股、投资者以现金入股时,是否设置集体和投资者的持股比例限制、是否设置保底分红等。

三、推进集体建设用地建租赁住房的对策与建议

(一)改革城市土地公有制,确定国家、集体土地所有权的范围

随着集体建设用地建租赁住房的推进,未来城市规划区、城市市区内都存在属于集体的土地,与《宪法》第10条第1款、第2款和《土地管理法》第8条第1款确立的城市土地属于国家所有的原则不吻合。尽管《宪法》第10条第1款存在多种解释和落实方式,如"城市的土地"应理解为"城市中的空地、街道等无主或公共土地以及已经通过政府征收、接受赠与等方式登记为国家所有的土地",而非"城市政府行政管辖范围内的所有土地"。但在当前推进《土地管理法》修改的进程中,对《宪法》进行直接的修改而非解释,不仅使《宪法》具有更强的稳定性,也将为《土地管理法》等法律的修改提供强有力的支撑。

因此,改革城市土地公有制,明确国家和集体土地所有权的范围,建议将《宪法》第10条第1款"城市土地归国家所有"修改为"城市土地归国家和集体所有。原城市市区的土地属于国家所有,新增城市市区的土地出于非公共利益的需要,为农民集体所有"。与《宪法》第10条第1款相对应,《土地管理法》第8条"城市市区的土地属于国家所有"也应作相同修改。

(二)放宽对集体建设用地经营性开发的限制,明确集体建设用地入市

删除《土地管理法》第43条、第63条将集体建设用地的使用范围局限于乡镇企业、村民住房以及村公共设施的用途,禁止将集体建设用地用于非农建设的规定,确认集体建设用地与国有建设用地同等入市、同等作价,建立城乡统一的建设

用地市场。明确符合土地利用总体规划的集体建设用地，土地所有权人可以采取出让、租赁、作价出资或者入股等方式由单位或者个人使用。

与此对应，《城市房地产管理法》第9条"城市规划区内的集体所有的土地，经依法征用转为国有土地后，该幅国有土地的使用权方可有偿出让"建议修改为"城市规划区内的集体所有的土地，可以直接采取出让、租赁、作价出资或入股等方式由单位或个人使用，无须先征为国有土地"。

（三）完善集体建设用地使用权权利体系，进行不动产权登记

确认集体建设用地使用权与国有建设用地使用权同样的权利内容，集体建设用地使用权可以依法转让、出租、互换、出资、抵押。修改《担保法》第36条第3款、第37条第2款，肯定集体建设用地使用权的抵押权能与范围。对于集体建设用地入市进行租赁住房建设，特别是集体经济组织以外的主体取得集体建设用地使用权时，应对集体建设用地使用权的期限进行规定。集体经济组织直接使用集体建设用地使用权的通常不设期限限制，但集体租赁住房用地使用权出让、租赁、联营入股的，最高年限不得超过同类用途国有建设用地使用权出让的最高年限70年；集体租赁住房用地使用权转让、转租的，不得超过原土地使用年限减去已使用年限后的剩余年限。

《物权法》第12章建设用地使用权应相应增加规定集体建设用地使用权的权利内容、出让方式、存续期限等，并与《不动产登记暂行条例》等形成城乡统一的不动产登记制度。就集体建设用地建租赁住房而言，确认集体建设用地所有权—集体建设用地使用权—集体租赁房所有权的权利体系，进行不动产物权登记。集体建设用地使用权原则上归项目实施主体，即集体经济组织或合作的项目公司。建成后的集体租赁住房的所有权人与集体土地的使用权人一致，统一采取项目整体登记和按幢登记，不予分割办理单元、单户产权证，同时在不动产权证上注明房屋不得出售、转让、抵押等内容，即房屋所有权、使用权不可再流通。

（四）跟进土地征收、宅基地改革，形成农村土地制度改革合力

征地改革的核心是缩小征收集体土地范围，严格控制非公共利益征收。《土

地管理法(修正案)(征求意见稿)》第44条将国防和外交、基础设施、公共事业等排除在公共利益外,但将"在土地利用总体规划确定的城市建设用地范围内,由政府为实施城市规划而进行开发建设的需要"确定为公共利益,有泛化公共利益之嫌。实施城市规划而进行的开发建设范围较大,所需的建设用地不必然是公共利益用地,应当在城乡统一建设用地市场通过集体经营性建设用地获得土地使用权。

《土地管理法(修正案)(征求意见稿)》第64条第6款对农民自愿退出的宅基地直接采用集体经济组织协商回购的方式处理,并限于本集体内部的再分配,未直接明确市场转让的方式而交由"根据国家有关规定整理利用"。这种集体内部处理的方式,可能难以解决宅基地大量闲置、低效利用的问题,也有将村集体演变为宅基地批发商和零售商,使土地财政从城市蔓延到乡村的风险。而目前国家有关宅基地整理利用的规定,并未包含宅基地入市流转。即使日后另作规定,也不如在《土地管理法》这一国家土地法律制度的基本法律中直接肯定宅基地可进入市场转让。

(五)制定建设用地流转条例,规范具体交易细则

作为土地制度方面的基本法,《土地管理法》无法也不适合对集体建设用地的交易作出具体规定。随着集体建设用地建租赁住房的推进和集体建设用地入市改革试点年底即将结束,可适时在修改《国有土地使用权出让转让暂行条例》的基础上,提出《集体建设用地流转管理条例》建议条文,就土地审批调控、交易主体、交易方式、交易用途、交易价格、交易程序、利益分配机制等方面确定集体建设用地入市流转的操作细则。若条件成熟,再整合《集体建设用地流转管理条例》和《国有建设用地流转管理条例》,提出统一的《建设用地流转交易条例》建议条文。

图书在版编目(CIP)数据

中国人权评论. 第11辑 / 张永和主编. -- 北京 :
法律出版社, 2019
ISBN 978-7-5197-3577-7

Ⅰ. ①中… Ⅱ. ①张… Ⅲ. ①人权-法律-研究-中国 Ⅳ. ①D920.4

中国版本图书馆CIP数据核字(2019)第118352号

中国人权评论·第11辑
ZHONGGUO RENQUAN PINGLUN · DI-11 JI

张永和 主编

策划编辑 沈小英
责任编辑 沈小英 单 洁
装帧设计 李 瞻

出版 法律出版社
总发行 中国法律图书有限公司
经销 新华书店
印刷 北京虎彩文化传播有限公司
责任校对 李景美
责任印制 吕亚莉

编辑统筹 法治与经济出版分社
开本 787毫米×1092毫米 1/16
印张 11.75
字数 183千
版本 2019年8月第1版
印次 2019年8月第1次印刷

法律出版社/北京市丰台区莲花池西里7号(100073)
网址/www.lawpress.com.cn
投稿邮箱/info@lawpress.com.cn
举报维权邮箱/jbwq@lawpress.com.cn
销售热线/400-660-8393
咨询电话/010-63939796

中国法律图书有限公司/北京市丰台区莲花池西里7号(100073)
全国各地中法图分、子公司销售电话:
统一销售客服/400-660-8393/6393
第一法律书店/010-83938432/8433　西安分公司/029-85330678　重庆分公司/023-67453036
上海分公司/021-62071639/1636　深圳分公司/0755-83072995

书号:ISBN 978-7-5197-3577-7
定价:88.00元
(如有缺页或倒装,中国法律图书有限公司负责退换)